ECRETS OF
INNOVATIVE
MANAGEMENT

ドラッカー
経営学の急所

イノベーション経営の秘訣

大川隆法
RYUHO OKAWA

まえがき

二十世紀の知的巨人ともいうべきP.F.ドラッカーの経営思想を、一冊の本で「急所」とでもいうべき要点をまとめて、大学用授業の導入部分とするのが、本書の役割である。

議論の多い「目標管理」や「利益の概念」については、まだ本書では立ち入らなかったが、発展する組織に必要な「イノベーションの原理」や「マーケティングの原理」ともいうべき、成長の秘訣《ひけつ》には十分に迫ったつもりである。

また、私自身の実体験をふまえての、経営学の講義は、単なる机上の空論に終わらない「知的探究心」を読者に与えたことと思う。

経営は生き物である。実際にその理論を「現代の兵法」として使いこなした人のみの持つ説得力が込められていると思う。

二〇一四年　九月四日

幸福《こうふく》の科学《かがく》グループ創始者兼総裁《そうししゃけんそうさい》

幸福《こうふく》の科学大学創立者《かがくだいがくそうりつしゃ》　大川隆法《おおかわりゅうほう》

イノベーション経営の秘訣　目次

イノベーション経営の秘訣

――ドラッカー経営学の急所――

二〇一四年九月四日　説法
東京都・幸福の科学　教祖殿　大悟館にて

4　組織が生き延《の》びるための必須条件①「イノベーション」　76

イノベーション経営の秘訣

――ドラッカー経営学の急所――

二〇一四年九月四日　説法

東京都・幸福の科学 教祖殿 大悟館にて

1　初期にぶつかった、急成長に伴《ともな》う「運営の壁」

幸福の科学の事業に大きなインパクトを与えた『現代の経営』

昨日は、一倉定《いちくらさだむ》さんの経営学について話したのですが（『危機突破の社長学——一倉定の「厳しさの経営学」入門——』〔幸福の科学出版刊〕参照）、今日は、ドラッカーの経営学について、簡単な、ガイダンス的な話をしようかと思います。一つの導入になればよいかと思います。

研究というか、授業としてやろうとしたら、これは、かなり長く授業ができる内容でしょう。

私が最初に読んだドラッカーの本は、『現代の経営』です。（同書を手に取りながら）これは旧《ふる》い版ですが、野田一夫《のだかずお》先生が監修《かんしゅう》されているものです。

確か、野田先生は、テレビに出たとき、「書かれている内容をそのまま日本語に訳《やく》しても、日本人はおそらく分からないだろうから、『言いたいことは何だろうか』と考えた上で、『こういうことが言いたいのだろう』ということを自分なりに意訳《いやく》した」ということを言っておられたと思います。当会が協賛していたテレビ番組で、そう言っていたような気がしますが、私は、その『現代の経営』を最初に読んだのです。

このあと、もう一つ、違う版が出ています。それから、今出ている版は、上《うえ》田惇生《だあつお》氏が訳しているものです。上田惇生訳の赤い本のシリーズが今は出ています。

『現代の経営』は、ある意味では、幸福の科学にかかわる事業に大きなインパクトを与えた本のうち、ベスト5には絶対に入る本の一つだと考えています。

初期に、講演会の参加者が急増し、「運営」が追いつかなくなる

その背景を述《の》べましょう。

私は、一九八六年十一月二十三日、初転法輪《しょてんぼうりん》として、最初の座談会をやり、全国から九十人弱の人が集まりました。そして、翌八七年三月八日、第一回の講演会を牛込公会堂《うしごめこうかいどう》で四百人ほどでやり、そのあと五月に、千代田区公会堂で講演会を九百人ぐらいでやり、八七年の初年度でもう、千人前後の講演会をや

っていたのです。

事務所には、月五万円しか払っていないアルバイトが二人しかおらず、その二人が、ほかの仕事をしながら、手伝いに来ているような状態でした。それ以外は、ボランティアを使いながら、やっていました。そして、事務所は六畳一《ろくじょうひと》間《ま》だったのです。

しかし、講演会のほうは、千人の会場で溢《あふ》れてきて、断らなければいけない状態になってき始めました。当時は、往復《おうふく》はがきで申し込むというスタイルで、事前に予約をしてもらっていました。そして、大変申し訳なかったのですが、会場が溢れた場合は、予約なしに当日会場に来られた方には、お帰りいただかなければいけないような状態になったのです。

一年目は、だいたいそんな感じで、二年目の一九八八年になると、日比谷公会堂規模の、二千人ぐらいの会場で講演会をやっても、溢れてくるようになってきました。急づくりの事務所と要員でやっていて、事務員の養成・教育は十分にできない状況だったのですが、行事だけはどんどん増えていったのです。

一九八九年になると、もっと大きくなり、とうとう両国国技館《りょうごくこくぎかん》で八千五百人を入れて、「悟りの極致とは何か」という講演をしました（『悟りの極致とは何か』〔幸福の科学出版刊〕参照）。そのくらいまでくると、事務所の人たちの力を完全に超えてき始めたのです。

入会を制限したのに、三年も経《た》たないうちに会員数一万人を突破

会員が増えすぎたら運営ができなくなるのは分かっていたので、宗教にとっ

ては、とても贅沢《ぜいたく》な話だったのですが、当時、幸福の科学は「入会制度」を取っていました。入会願書に、真理の本を十冊読んだ感想を書いてもらい、それで合否《ごうひ》を決めていたのです。

半分以上の合格は出さなかったと思います。「合格」は三分の一か四割ぐらいで、残りは「三カ月待機《たいき》」や「六カ月待機」「不合格」という判子《はんこ》を押していたのです。

最初は、私が願書を見て、判子をバンバンと押していました。霊障《れいしょう》だと感じた人は不合格にして、ややアクの強い感じがする人や、まだ少し勉強が足りないと思うような人、何かほかの宗教などをやっていて、少し〝匂《にお》い抜き〟をしないといけないかなと思うような人は、一時待機にして、もう一回、願書を出してもらうかたちにしていたのです。

そのように、当会への入会は、非常に厳粛《げんしゅく》な儀式のようなものになっていて、みな、非常に深刻《しんこく》に受け止めてやっていました。

そういう制限をかけていたのですが、それでも、三年も経《た》たないうちに、会員数は一万人を突破してしまい、事務の運営がなかなか追いつかない状態になっていきました。

講演会のほうはだんだん来る人が増え、行事を始めてから、まだ三年目から四年目ぐらいでしたが、一九九〇年頃には幕張《まくはり》メッセで三回も行事をしました。一万二千人、一万六千人、一万八千人と、大きな行事をやって、それはすごい人数でした。

一九九〇年には、「生長《せいちょう》の家」の規模を超《こ》える

今でも、そのくらいの規模の行事はときどきやっていますが、当時、まだあまり出来上がっていない事務所と職員たちで行事を切り回し、さらにボランティアを指揮して運営させるのは、なかなか大変で、やはり、そうとうなプレッシャーだったのを覚えています。

一九九〇年は、関西でも、大きい会場で講演会をするようになりました。そこは神戸のポートアイランドにある会場ですが、その段階で、生長《せいちょう》の家から来ていた人から、「生長の家の規模と同じになりました」と言われました。それが一九九〇年です。

当時、生長の家は信者数を公称《こうしょう》三百三十万人と言っていました。当会の事務所と職員のほうは、まだまだ微々《びび》たるものだったので、「規模的には同じです」と言われ、こちらのほうが少し驚いたぐらいでした。

一九九一年は長女が生まれた年ですが、この年は横浜アリーナから始まり、東京ドームまでいってしまいました。東京ドームで講演会をやり、大阪では、大阪城ホールで一万人規模ぐらいの講演会をやりました。

個人としては、いっぱいいっぱいやっていましたが、会場に入り切らない状態になってきたので、私としては、「いったいどうしたらよいのか」が分からなくなってき始めたのです。

会場的には、これ以上大きい会場はありません。「今後いったいどうすれば、この教団を大きくしながら運営できるのか」ということで、少し行き詰《づ》まってきていた頃だったのです。

急成長に伴《ともな》い、幹部職員たちが次々と落ちこぼれていく

私は、今とは違って、初期の職員とは、もう少し密度のある接触をしていました。もっと話もしていたし、仕事の仕方も指導していたし、あるいは、自宅に呼んで晩ご飯を共に食べたりするなど、密接な付き合いをしていたのです。

しかし、そうした手ほどきをして教えた人たちが、次々と落ちこぼれていくという現象が起き始め、驚きました。一生、共に仕事ができるものと思っていた人たちが、一年か二年、長くて三年以内ぐらいに、バタバタと落ちこぼれていき始めたのです。

これはもう見事なもので、「当会が一定の規模を超えると、その人の能力を超えてしまい、仕事が分からなくなってくる」ということが起きたのです。私と一生懸命に話をしたり、教えを聴《き》いたりしていたような人が、仕事ができなくなっていくのです。

私より十歳年上、二十歳年上、もっと上のほうの人であれば三十歳ぐらい年上の人もいて、人生経験も豊かで、仕事経験もあったので、頼りにしていたのですが、それでも、急速度で大きくなっていく団体の運営というのは、できるものではなかったわけです。

自分の元《もと》いた会社と同じ仕事ではないため、みな、いったいどうすればよいのかが分からず、知恵を出し合いながらやっていたのですが、それでも、いろいろなところでボロが出てくる状態が続いていました。

一九九一年ぐらいは、行事が大きくなったものの、やや運営上でうまく回らなくなっていき、「はて、どうしたものか」と、少し悩み始めていたのです。

最初は、マスコミの批判にどう対応してよいかが分からなかった

三月には宗教法人格を取得し、そのあと、マスコミからさまざまな批判が出てき始めました。自分たちの行事を回したり、運営したりするだけで、手いっぱいだったので、マスコミの週刊誌などを相手にしているほど、余力《よりょく》はまったくない状態ではあったのです。

いったいどうしたらよいのか、さっぱり分かりませんでした。広報《こうほう》部門がまったく立ち上がっていなかったので、マスコミの批判に対して、どのように相

手をしたらよいのかが分からなかったのです。

また、とにかく、行事優先でやっていたのですが、運営のほうでも、あちこちに穴が開き、うまくいかなくなってき始めてもいたので、「根本的な解決を図《はか》らなければいけない」という時期だったのです。

その頃、一倉定さん（守護霊）のほうから、「やはり、宗教家としての本格的な勉強が必要である」という指導を、霊的インスピレーションとして受け、宗教の勉強を本格的に始めました。

ハワイでの静養《せいよう》を勧《すす》められ、『現代の経営』を読み込む

もう一つは、やはり、組織の運営のほうがどうしても分からず、どうすれば

よいのか、悩んでいたのです。

そのあとの一九九二年ぐらいのことです。初期の頃は、数名の秘書で回していたのですが、そのなかのベテランの一人は、今は、「エンゼルプランV」という幼児向け教育機関の責任者になっています。当時はまだ独身で、私の秘書をやってくれていました。

器用で、事務所の秘書から自宅の秘書までやり、子守《こも》りまでしてくれる〝オールマイティー〟の秘書だったので、頼りにしていたのですが、同時期に入局してきた人と結婚するということで、結婚を止めるわけにもいかず、「しかたがないかな」と思って、結婚を認めて秘書の部署から出ていただいたのです。

しかし、その器用にやりすぎていた人がいなくなったあとは、もたなくなってしまいました。ノウハウの部分を個人的にやっていたところがあったため、

「いろいろなものがガタガタして、回らない」という状況が続いたのです。

それで困って、何とかして立て直さなければいけないという時期が、一、二年続きました。その頃、今、幸福実現党で幹事長《かんじちょう》をしている加藤文康《かとうぶんこう》さんも秘書に来ていましたし、幸福の科学学園中学校・高等学校（那須本校）の校長をしている喜島克明《きじまかつあき》さんも秘書に来ていました。名前を出すと、みな笑ってしまうかもしれませんけれども、錚々《そうそう》たるメンバーが、初期には、雑用から何から、何でも引き受ける秘書として入ってきたのです。みな、経験がないもので、なかなか思ったようにいかないところはありました。

特に、加藤さんは自信家であったので、「講演会が続いていますので、大阪城ホールで一万人以上の規模での大講演会をやったあと、先生にはご静養《せいよう》いただきます」ということで、一万人規模の行事をやったあと、関西の空港から直接、海外に飛んで、ハワイで静養するという計画を立ててきたのです。

私はそれを見て、「厳しいのではないか。一万人規模の行事をやるだけで、秘書はヘトヘトになって、伸びてしまうのが普通だ。その行事を終えて、その足でそのまま海外まで私を連れて行って、保養させるというのは、そうとうな難行苦行《なんぎょうくぎょう》になるよ」と言ったのを覚えています。

最近流《りゅう》に言うと、映画の「超高速！参勤交代《さんきんこうたい》」風で、やや不可能に近い計画に見えたので、「ちょっと無理ではないか」と言ったのです。

それでも、彼は、「いえ、このあたりでたっぷり休んでいただかなければいけませんから、二週間ぐらい保養を取っていただきます。ハワイで別荘を二週間ほど借りましたので、そこで保養していただきます。秘書のほうで、国際運転免許証も取りましたので、車で買い出しにも行けます。全部準備はできています。テイクアウトの店もあり、食べ物を買ってこられますから大丈夫です。あとは、掃除《そうじ》と片づけ用に女性秘書を一人ぐらい連れて行けば、いけます」と言うので、結局、男性秘書二人と女性秘書一人を連れて、ハワイに行くことになりました。

「二週間は行ってください」とのことだったのですが、私が、「二週間は無理だ。秘書たちは発狂《はっきょう》するか、崩壊《ほうかい》するか、どちらかになる。いずれにしても、もたないから、せいぜい譲《ゆず》って一週間にしてほしい」と言うと、「いや、一週間では保養が足りません」と言って頑張るので、「では、間《あいだ》を取って、十日ということにしようか」ということで、行ったのです。

ところが、やはり予想どおり、十日ももたず、一日前の九日目ぐらいで、秘書たちは崩壊してしまいました。そのあと、秘書部隊は解散して、立て直しが始まり、「宗務本部《しゅうむ》」という非常に大規模な組織が出来上がるようになったのです。

そういう秘書部隊のほうをつくり上げる時期と、ドラッカーの組織経営のことを考えている時期は、ちょうど同じでした。

大阪城ホールでの講演をやったあと、ハワイの貸別荘に行って何を読むかということで、私は、もう一回、組織運営の勉強を徹底的にやらなければいけないと思い、実は、ドラッカーの『現代の経営』(上・下)を持っていったのです。

私は、本を読むのがかなり速いのですが、「この本は、速読しては駄目《だめ》だ。徹底的に分かるまで精読《せいどく》して読まなければいけない」ということで、ほかの本もあったかもしれませんが、その十日弱《じゃく》の間、主《しゅ》として、この上下二冊を精読し、分かるところまで繰り返しじっくりと、一言一句《いちごんいっく》逃《のが》さずに読み込んだのです。

『現代の経営』から、「一倉定の経営学」では得られなかったヒントを得る

確かに、書いてあることは難しかったです。学者的な、あるいは評論家的な意見であるので、それを、自分たちの組織や経営に当てはめるのは、そう簡単ではありませんが、ある意味で、ガーンと頭を打たれたようなものがありました。

それは、「一倉定の経営学」とはまた別のところです。

一倉定の経営学の場合、「とにかくトップ一人の責任である」ということを強調しています。倒産企業や赤字企業は、ほとんど、上から腐《くさ》っていくので、トップがやらなければいけないわけですが、私の場合、トップとしては、すでに、いっぱいいっぱいやっており、「これ以上、何ができるか」というかたちだったのです。

一九九一年には、東京ドームでも講演会をやっています。その規模で行事をやれたのは、当時、マイケル・ジャクソンとマドンナしかいません。

そこで、マイケル・ジャクソンとマドンナのビデオを観《み》ながら、私もまねをして、体を鍛《きた》えていたのですが、「これ以上、何ができるか」と考えると、もう、できることはあまりなかったのです。

代々木《よよぎ》の国立競技場が、東京ドームより少し大きかったので、「代々木の国立競技場でやるか」とも思いましたが、やはり、「雨が降ったら、どうするか」という問題がありました。後年、人気アイドルグループの「嵐」等が、国立競技場をよく使って、ライブをやっています。雨が降っても、ワイヤーを引いて、空中を飛んだりしていますが、「ああ、あのくらいやらなければいけなかったのかな」と思いました。

ただ、さすがに、リスクはあります。私の運動神経では、ワイヤーで吊《つ》られて端から端まで動くのは、若干《じゃっかん》、命の危険があったかと思われます。

代々木の国立競技場でやるか。それとも、タンカーを借りて、洋上《ようじょう》のタンカーの上で大行事をやるか。そこまで考えたのです。タンカーの上でやり、パパーンと激しくライティングしたり、花火を打ち上げたりしたら、もしかしたら映《は》えるものがあるかもしれないとも思いました。

そのように、「タンカーの上でやるか」、あるいは「海岸の波止場《はとば》のような所を借り切ってやるか」など、いろいろと考えてみたのですが、「とにかく、これから先どうしたらよいか」という感じだったのです。少し限界がきていたわけです。

御生誕祭《ごせいたんさい》は、梅雨時《つゆどき》に開催され、雨が降ったときもあったので、いつも雨への心配がありました。「屋根がついていない所だと、雨が降ったら、もう終わりになる」と思っていたのです。

ですから、東京ドームはいけたのです。そして、当時、ほかの球場にも屋根がつき始めていたので、ある人は、「ドーム球場を衛星中継《えいせいちゅうけい》でつないでやれば、二十万人ぐらいいけます」と言っていました。

ただし、ドーム球場をつないで、二十万人ぐらいでやると言っても、それぞれの所でまた、事務員が要《い》り、ボランティアをたくさん集めて指揮しなければいけないので、大変なことになります。しかも、規模はありますが、採算はよくないのです。そこで、「ほかの方法はないかな」ということで悩んでいる時期であり、そのときに、ドラッカーを読み込んでいって、ヒントが得られたのです。

2　一人の天才による経営には限界がある

ヒトラーの危険性をいち早く見抜いたドラッカー

　ドラッカーの出発点は、『「経済人」の終わり』という本です。一九三九年に出版された処女作で、二十代の終わり頃に書かれたものです。

　ちょうど、ヒトラーがドイツに出てくる頃のことです。ナチスがまだ第五党だった頃のヒトラーを見て、彼の危険性を見抜いて警告した本で、イギリスのチャーチル首相からも、「タイムズ」紙に賛辞《さんじ》が寄せられています。ドラッカーは、この本で、若き天才として世に出たのです。

ヒトラー登場のときに本を書いた人が、二十一世紀まで活躍するというのは、すごいことです。一九三〇年代に本を書き、チャーチル首相に絶賛された人が、二〇〇六年、九十六歳になる直前まで生き、現役《げんえき》で世界に影響を与え続けたという意味では、「知的巨人」でもあります。すごいものです。その間《あいだ》、時代のリーダーとして、ずっと率《ひき》いていけたということは、そういうことだと思います。

ドラッカーの本は、そのあたりから始まっています。「ヒトラーが出て、ナチズムが台頭《たいとう》し、あのような戦争になって敗北し、戦後になった」ということで、彼は、独裁者による経営に、「経営の限界」「経営能力の限界」を見たのだろうと思うのです。

連戦連勝だったナポレオンが、最後に敗北した理由

これは、実は、ナポレオンにも起きたことです。ナポレオンは、一代の英雄のように出てきて、戦いに勝ち、連戦連勝して、三十五歳で皇帝になります。ナポレオン軍はとても強く、誰が戦っても勝てないのですが、そのうち、ドイツやイギリス等は、あることに気がつきました。

「ナポレオンは確かに強い。ナポレオンが指揮をしているところで戦って、勝ったことは一度もない。ただ、ナポレオンがいない所では勝てる」ということに気がついたのです。これが、ナポレオンの負けの始まりです。

要するに、今のように、電子機器が多くて連絡網《れんらくもう》がもう少し充実していれば、

あるいは違っていた可能性もありますが、当時は、馬が走れる範囲が、連絡の範囲でした。そして、馬で行って一日で伝令《でんれい》が届く範囲は、マックス二百キロぐらいが限度だったので、それ以上の距離にわたって軍隊を展開した場合は、ナポレオンの指揮が届かないし、逆に、ナポレオンは現場も見えないのです。

要するに、「現場から報告が届かないし、命令も十分に行き届かない」ということで、「ナポレオンがいない所で戦えば、勝てる」ということが分かったわけです。

そういうことで、「ナポレオン軍とぶつかったら、まずは逃げる」という作戦を立て、敗走します。できるだけ被害は少なくして、敗走するのです。

ナポレオン軍としては、「敵は逃げていて、味方は勝っている」ということになっているわけですが、勝っても勝っても戦《いくさ》は終わりません。真正面からぶつかると、敵は壊滅《かいめつ》するのですが、負けると分かるとパッと逃げるので、完璧な勝利を収められないのです。サーッと逃げていくということを何度もやられるのです。

そして、ドイツ軍やイギリス軍は、ナポレオンがいない部隊を襲って、ナポレオン軍の戦力を減らしていきます。ナポレオンは、そういう戦い方をされ、最後は、兵線がどんどん伸びていって決定的な敗北をするのです。なお、ナポレオンは、ロシア遠征のときも、兵線をものすごく伸ばし、補給がつかず、冬将軍にやられ、大敗北を喫《きっ》しています。

結局、ナポレオンを破ったのは、ドイツ参謀《さんぼう》本部でした。「ナポレオンは一種の天才だろう。それほどの天才は手に入らないが、きちんと軍事教育をして、ある程度の上級士官のような人はつくることができる。そうすれば、ナポレオンには勝てないが、ナポレオンがいない部隊と戦って、戦果をあげるぐらいの戦いならできる。参謀本部で作戦を立てて一定の勝利をあげ、敵に被害を与えることはできる」ということで、ドイツ参謀本部が出来上がってくるようになるのです。

そのように、ナポレオン戦争の研究の結果、参謀本部が出来上がってくるのですが、このあたりに、ドラッカー的な発想の一つはあっただろうと思います。

つまり、「天才というものは、いつでも必要なときに手に入るものではない。天才は必ずしも手に入らないものだ」ということを前提に、ドラッカーの経営学は成り立っているのです。

「秀才程度なら手に入るが、天才はそんなに手に入らない。天才がいたら、それに困ることはないが、いたら、いたなりに、その天才に限界がきたとき、組織の運営が崩壊《ほうかい》する」ということを、彼は見抜いていたと思うのです。

これについて、ドラッカーは、著書のなかでは語っていませんが、そのように見ていたはずです。

ナポレオンと同じような限界が出てきたヒトラー

ドイツは、ドイツ参謀本部ができてから、フランスに負けなくなっていきます。

このドイツ参謀本部は、エリートのかたまりでした。陸軍のエリートたちが高等教育を受け、肩書きをもらってどんどん偉《えら》くなっていく組織だったのです。

そこに、ヒトラーという、正規の軍人ではない、貧《まず》しい絵描《えか》き上がりの人が一代で出てくるわけです。

ヒトラーも、結果的に見れば、ある種の才能があったことは間違いないでしょう。単なる貧乏《びんぼう》絵描きではなく、いろいろな構想もしたし、経済的にも、第一次大戦後の荒廃《こうはい》したドイツを、第二次大戦までの間に、一気に好調《こうちょう》の軌道《きどう》に乗せたので、すごいことだと思います。

ボロボロのドイツが、あっという間に、再び戦えるところまでカムバックしたわけなので、ある程度の才能があったことは事実です。

また、初期の電光石火《でんこうせっか》の戦い方を見ても、日本の軍事史で言うと、義経《よしつね》とか、信長《のぶなが》とか、秀吉《ひでよし》とか、そういう人の戦法にも似た優れたものを持っています。あっという間に周りを占領《せんりょう》してしまう〝すごさ〟はあったと思います。

ただ、ナポレオンも、ヒトラーも、兵線が伸びすぎて、行き届かなくなっています。ヒトラーは、フランスを落としてパリも占領していますが、フランスの海岸線は非常に長く、これを守るのは簡単なことではありません。どこから上陸されるか分からないという問題があったのです。そして、最後は、「ノルマンディーの上陸作戦」と「ソ連側からの内陸からの攻め込み」との挟《はさ》み撃《う》ちで、やられるわけです。

天才的なところを持っていたヒトラーにも、やはり限界はあったのです。要するに、「情報把握」「運営の的確な指示」について、自分が見ているところはできても、見ていないところはできなかったわけです。

また、ドイツ参謀本部はエリート軍団だったので、ヒトラーは、少し嫌っていました。参謀本部の立てた作戦に逆《さか》らい、「自分流のひらめき型の作戦」を立て、そして、成功するところを見せて、参謀本部の鼻を明かし、天才気分を味わっていたのは事実です。

「秀才たちが団子《だんご》になってかかっても、天才のひらめきには勝てないのだ」ということで、ヒトラーは酔《よ》いしれていたところはあるのです。

しかし、それより前に、ドラッカーは、ヒトラーの限界を見抜いていました。『「経済人」の終わり』を出した一九三九年は、ドイツがポーランドに侵攻《しんこう》した年ですから、その頃、すでに、「台頭して大きくなるが、敗北する」ということを見通していたと思います。ナポレオンと同じような限界がおそらく出てくるだろうと見ていたと思うのです。

ヒトラー敗北の原因は、「経営的な破綻《はたん》」でもある

実際は、そのとおりになりました。近隣の国ぐらいまでだったら、攻めて、勝てて、治《おさ》めることもできましたが、だんだん、遠征して遠くまで行き始めると、目が届かなくなって分からなくなっていったのです。これは、ナポレオンと同じ状況です。

しかも、ヒトラーは、「夜、愛人と共に寝ている間は絶対に起こすな」ということを秘書に厳命《げんめい》していたため、最後は、夜間《やかん》、連絡が全然取れないような状態になってきました。

そのときに、ノルマンディー上陸作戦等をやられたのです。これは大変な事態なので、本当は叩《たた》き起こしてでも教えて、判断を仰《あお》がなければいけないわけですが、朝まで起こしてはいけないことになっていて、クビが飛ぶのは嫌だから、誰も起こさずに置いておいたのです。そのため、「連合軍に上陸される」

という大変な事態になってしまったわけです。

そういうことで、ヒトラーは敗《やぶ》れていくわけですが、これは、軍事的な失敗でもありますが、ある意味での「経営的な破綻《はたん》」でもあったと思います。

これについては、松下幸之助《まつしたこうのすけ》も似たようなことを言っています。ヒトラーを完全に否定するのではなく、経営者として見た場合には、第一次大戦の大敗北および国家の財政破綻から、あっという間に経済を立て直し、国力を豊かにした手腕《しゅわん》はそうとうなものであると、ほめています。

ヒトラーはアウトバーン（ドイツの高速自動車道路）をつくっていますが、要するに、ケインズが勧《すす》めていた政策そのものをやったわけです。今で言えば、「財政出動」のことです。日本も相変わらずやっていますが、財政出動をやり、雇用《こよう》を増やし、景気《けいき》をよくするということです。

実は、これをやってのけたのは、ヒトラーです。ヒトラーがやって、「ケインズ政策が成功すれば、経済が急に立ち直る」ということが分かったのです。そういう意味で、ヒトラーは、「ケインズ理論の優等生」とまで言われている人ではあります。

ということで、松下幸之助は、ヒトラーの経営的な手腕は認めていますが、「やはり、大きくなりすぎて、治め切れなかったのではないか」ということを言っています。

ヒトラーの最後のほうは、織田信長《おだのぶなが》の最後のほうと似ている

善悪の問題は別にありますが、私にも、少し似たような考えがあります。

最後のほうで、ヒトラーが狂っていく部分には、やはり問題があります。ユダヤ人を敵視して、迫害することによって、求心力をつくり、まとめようとするところについては、信長の最後にやや似たところがあります。

信長は、「天下布武《てんかふぶ》」を掲げ、いろいろなところと戦っていますが、緊張の連続で、そのうち、テンションが上がって神経がビリビリになり、夜、休めない状態になっていたと思われます。

そのせいか、最後のほうは、残酷《ざんこく》な殺し方をしています。すぐ怒って部下を斬《き》り捨てたり、あるいは、一向一揆《いっこういっき》や比叡山《ひえいざん》を攻めたときには、神仏《しんぶつ》の境内地《けいだいち》にも軍馬《ぐんば》を走らせて攻めまくったりしています。

そういうことをやって、人心《じんしん》が離れたところがありますが、あれも、ある意味で、神経がビリビリきて、もたなくなっていたのでしょう。じっと観察してみると、「負担が重すぎて、そうなったのだろう」ということを感じたのです。

東京ドームで講演を続けることは、人間的には限界レベルだった

それと同列にしてはいけないと思いつつも、私も、やはり、似たようなものを一九九一年ぐらいに感じ始めました。東京ドームで行事をやることは、人間的にはもう限界レベルだったのです。

スターになると、ときどき、東京ドームでもやっています。卒業コンサートや引退《いんたい》コンサートで、これで最後というときには、東京ドームのような大きい会場でやっています。

ただ、バイバイと言って、そのあと引退する場合はよいのですが、それを半

年置きに続けるというのは大変なことです。スターの場合、引退するから東京ドームでもできたのでしょうが、ずっと続けるというなら大変なことなのです。

そういう意味での限界がきて、潜水艦《せんすいかん》が深く潜《もぐ》り、水圧でミシミシ言っているような状況を、自分では感じていました。

『現代の経営』は、戦後の日本を発展させた「経済的な聖書」

「このままではいけない。何とかしなければいけない」ということを考え、そこで、ドラッカーの『現代の経営』を読んだわけです。

この本は、実は、戦後、日本経済を大発展させた、影《かげ》の「経済的な聖書」のようなもので、福音《ふくいん》でした。戦後、大会社をつくった人たちは、ほとんど、

『現代の経営』を読んでいます。ボロボロになるまで読み込んだという人、本を買い替えてまで勉強したという人が、非常に多くいるのです。

中内㓛《なかうちいさお》も、この本を読んでいましたが、薬局一店舗《てんぽ》から始めて、一代でダイエーという大企業群をつくっています。ほかにも、ドラッカーの経営理論に基《もと》づいてやって、大企業をつくった人は数多く出ています。

「経営理論の八割は、ドラッカーがすでに説《と》いている」とも言われておりますが、ドラッカーの経営理論を勉強して、大きな企業をつくった人は大勢いたわけです。

3　ドラッカー経営学の要点

組織力の弱さに気づき、組織づくりを本格的に始める

私の場合、宗教ではありますが、「組織の運営」という意味では同じ面があるし、「どのようにマネジメントしていけばよいのか。どうすれば軌道《きどう》を正規《せいき》に引くことができるのか」ということを深く考えていたときだったので、食《く》い入《い》るように読んだのを覚えています。

その人の経営のレベルによって読み方は違ってくるし、収穫《しゅうかく》するものも変わ

るのですが、当時、私が得たものは次のようなことでした。

それまでの当会は、結局、一人社長型で、「私がパフォーマンス的な荒技《あらわざ》・大技《おおわざ》をやって人を集める」という意味では、確かに人気があり、会員も非常に増えていました。

そして、会員は行事目当てに来てくれたり、本を読んだりしてくれていたのですが、当会は非常に緩《ゆる》い団体、参加型の団体でした。そういう意味では、最初、マスコミ受けは悪くなかったのですが、「本を勝手に読んで、あとは来たい人だけが行事に来て、特に帰属《きぞく》せず、そのまま帰ってしまっても許される」というような、「自由参加型の宗教」ということで、宗教らしくなかった宗教だったのです。

普通の宗教は組織宗教であり、「締《し》め上げて、いろいろと活動を拘束《こうそく》してくるのが嫌だ」とよく言われていますが、当会は、コンサートにでも行って帰ってくるような感じの宗教だったのです。

そういう意味で、当会には、新宗教に対するアレルギーのようなものとは違うものがあって、新しいイメージがあったことは事実です。

けれども、その意味では、「組織としての強さ」がなかったのも事実で、役者一人が演技《えんぎ》をやっているような状況が少し続いていたのです。「これを、どうにかしなければいけない」ということで、組織づくりを本格的に考えなければならなくなったわけです。

当会が始まって三年ぐらいで、私のことをよく知っていた人や、私の話をよく聴いていた人たちが、次々と落ちこぼれていく現象が起きました。要するに、仕事が分からなくなるのです。会が大きくなると仕事がまったく見えなくなって、次から次へと落ちこぼれていったのです。

この早さは、「経験上、こんなことはない」と思うぐらいの早さでした。すでに大会社になっているところは、毎年、社員を訓練して組織文化をつくっているので、大会社から来たような人は、そんなに簡単に崩壊《ほうかい》しないと思うかもしれませんが、やはり、急成長の組織をつくることを経験している人は、それほど多くはいなかったのです。

みな、それぞれのところで苦労なされていると思いますが、「人材養成と拡大とが、なかなか釣《つ》り合わない」ということが起きるのです。このあたりが非常に難関でした。

ドラッカーの思想を一言で言えば、「勝つべくして勝て」

では、私がドラッカーの『現代の経営』を精読《せいどく》して学んだことは、何だったのでしょうか。

すべて分かったわけではありませんが、彼は、とにかく、ヒトラー的な限界を念頭《ねんとう》に置いて経営学をつくっていったので、はっきり言って、「一人の天才に頼った経営は続かない」ということを前提に、物事を組み立てています。つまり、「天才には頼らない」ということです。

これに対しては異論もありますが、彼は、「経営者がインスピレーションや勘《かん》で経営するのは、現代的な経営としては通じない。勘によらずして、成功を収めなければいけない」ということを言っているのです。一代の天才型の経営者で、勘でけっこう成功しても、そのあとは、なかなか引き継《つ》げないからです。

私は霊感《れいかん》を受けているので、当会も〝勘〟でやっているところがあります（笑）。ですから、勘で経営することを完全に否定する気は全然ありません。このあたりには、ドラッカーと意見の違いがあります。これについては、ドラッカー本人も分かっているでしょう。当会は宗教ですから、企業と違う面があるのは当然です。

ただ、彼が、「組織としての体制をつくり、教育・訓練のシステムをつくれ」と言っているのは、要するに、一言で言えば、「勝つべくして勝て」と言っているわけです。

ドラッカーの経営は、現代の「孫子《そんし》の兵法」である

はっきり言って、ドラッカーの経営というのは、現代の「孫子《そんし》の兵法」です。孫子の兵法とは、「天才だけがひらめいて、できた戦い方」のようなものを、春秋戦国時代《しゅんじゅうせんごく》にテキスト化したものです。

簡単な書物ですが、「こういう戦い方をすれば勝てる」「こういうときには逃げなければいけないし、こういうときには勝てる」「こういう場合には、こうしたほうがよい」という用兵の術や、兵站《へいたん》、あるいは、勝機《しょうき》を見るやり方等が簡単な言葉で簡潔《かんけつ》にまとまっています。これができてから、戦い方はそうとう変わりました。『孫子』を読んでいる人と読んでいない人とでは、全然違って

くるわけです。

これは、将棋《しょうぎ》で言えば、定跡集《じょうせきしゅう》のようなものです。例えば、これを勉強して、百手ぐらい将棋の指《さ》し方を知っている人と、まったく知らない人とが将棋をしたら、力には差がはっきりと出るはずです。それと同じように、兵法を学べば、戦《いくさ》に勝てるわけです。

ですから、少なくとも、字は読めなければいけませんが、書物《しょもつ》を読めるレベルの人で、多少の武術ができ、人を使える人が、孫子の兵法を学べば、戦で勝てるようになってくるということです。

孫子の兵法は、現在のアメリカ軍でも勉強されています。先の湾岸《わんがん》戦争等で司令官をしたシュワルツコフ氏や統合参謀《とうごうさんぼう》本部議長だったパウエル氏も読んでいました。おそらく英訳《えいやく》でしょうが、ああいう人たちも読んでいたというぐらい、今でも使えるということです。

孫子の兵法には、例えば、「地の利はどうであるか。例えば、高い所と低い所にいるとしたら、上にいる者のほうが有利である」とか、「太陽を背にして戦ったほうが有利である」とか、「沼沢地《しょうたくち》は死地《しち》なので、そこでの戦いは避けなければいけない」とかいうものがあります。

あるいは、韓信《かんしん》の「背水《はいすい》の陣《じん》」という逆転の兵法もありますが、孫子の兵法には、「川を背にして戦った場合は、全滅する可能性がある」とか、「敵が川を渡ってくるときは、敵の半分ぐらいが渡ったときに討《う》てば、雲散霧消《うんさんむしょう》して、軍隊は蜘蛛《くも》の子を散らしたようになって崩壊する」とか、いろいろな兵法を編《あ》んでいます。

それを学べば、いわゆるバカではどうしようもないと思いますが、ある程度の頭のある人だったら、それに当てはめて、用兵の術を使えるわけです。

これをテキストとして知っていても、ここからあとは、当然、才能の差が出てきます。同じく勉強している者同士なら、それから先、さらに、才能の差が出ますけれども、こういうものがつくられて以降、戦い方は変わりましたし、近代化したところがあります。

ドラッカーは、こうした兵法を経営学のなかでつくった人なのです。

ドラッカーが出している具体的な例は、だんだん古くなっていくだろうし、将来、会社というものが株式会社とは違った形態になり、経営のかたちも変わるかもしれませんが、組織がある限り、ドラッカーの兵法は、別なかたちで生き続けるのではないかと思います。

「明日の経営担当者」をつくらなければ、組織は大きくならない

彼は、要するに、「経営で勝つには兵法が要《い》り、兵法を用《もち》いて勝つ場合には、天才を要《よう》しない」ということを言っています。

これは、どういうことかというと、「仕事のやり方を固めて、ほかの人に学ばせることができれば、トップ一人が考えて、思いつきでやっているように見えていたようなことを、ほかの人にもやらせることができる」ということを意味しているのです。

別の言葉で言えば、「経営担当者の養成」ということです。「やはり、経営担当者をつくらなければ駄目だ。明日の経営担当者をつくれ」ということを強く

言っているのです。

今日《こんにち》ただ今、採用したばかりで、もうどうしようもない、動けない人がたくさんいるけれども、その人たちを「明日の経営担当者にしよう」と思って教育すれば、だんだん育ってくるというわけです。

「最初の頃は、役員に命じても、実に頼りなく、『小田原評定《おだわらひょうじょう》』をしていて、くだらない。自分一人でやったほうが、よっぽど早い』と思うものだが、その頼りない人たちであっても、何年か役員をやらせているうちに、そこそこ、仕事をし始めるようになる」というようなことを書いています。

ドラッカーも、トップの目には、役員であっても頼りなく見えることをよく知っていたのです。よく知っていて、そう書いているので、私は「なるほど、そういうものか」と思って、それ以降、気前よくポストを与え、いろいろな人を局長等にするようになりました。

仕事ができない人のなかには、部下の〝反乱〟により〝消され〟たりした人もいます（笑）。その場合、確かに、その人を上げるのは早かったのかもしれませんが、いろいろなポストを経験したり、何カ所かやったりしているうちに、だんだん、できるようになる人が出てきたということも事実です。

ですから、経営担当者をつくらなければいけません。明日の経営担当者をつくらなければ、組織として大きくならないのです。これを私が学んだということは、やはり大きかったと思います。

そういう意味で、足掛《あしか》け三十年ぐらいになりますが、その間《かん》、幹部が数多く出てきました。

ただ、ずいぶん流動性のある組織だと思います。次々と新しい仕事を始めていたので、みな、「そこでは新人」ということが多かったのですが、私は、「とりあえず幹部を置いて訓練し、実地《じっち》にやらせてみる」というかたちでやり、気がついたことがあれば、修正を入れたりしながら、仕事をだんだん固めていったのです。

できる人は、自分で仕事をつくっていきましたが、仕事ができないままの人もいました。いろいろな人がいましたが、だんだん仕事のかたちが出来上がってきて、人を替えても、同じセクションで、定常的《ていじょうてき》な業務ができるようになっていったのです。

このあたりが、非常に大変なところであったかなと思います。

自分にはない能力を持つ人と組み、「経営担当チーム」をつくれ

ドラッカーも言っているように、経営者として要求される能力は五つから六つありますが、実際上すべての能力を一人で発揮できる人はいなくて、だいたい一つ、多くて二つ、三つぐらいまでしか使えません。才能はあったとしても、すべては使えないのです。

例えば、経営者には、ＰＲの天才のような人もいます。そういう人は、テレビに出たり、いろいろな人と対談したり、目に見えるところで一生懸命にＰＲすると、有名になって、会社のＰＲになることがあります。

しかし、そういうＰＲマンが、同時に、研究開発をやるというのは、そんな

に簡単なことではありません。研究開発は、地味《じみ》なところであり、人に知られずに一生懸命にやらなければいけないのです。ですから、研究開発をやりながらPRもやるというのは、なかなか大変なことです。

あるいは、営業で一生懸命に汗を流しながら、片《かた》や、経理のほうを一生懸命にやるということも、なかなか難しいでしょう。経理のほうでは、「この電車賃《ちん》が惜《お》しい」とか、「この飛行機代が惜しい」とかいうように考え始めるので、そういう経理的な才能を発揮しながら、同時に、「営業で実績を上げたい。もっともっと売り上げを上げたい」というのは、なかなか両立しないものがあります。

結局、「強みはどこにあるか」ということを知らなければいけません。「経営者としての自分の強みは、いったいどこにあるかを、まず悟れ」ということです。せいぜいできるのは二つか三つぐらいまでで、それ以上はできないのです。
そして、自分ができない部分は必ず残るので、そのできない部分を補完する人とチームを組まなければいけません。そのチームは、少なくてもよく、最小単位は二人ですけれども、最初は普通、三人程度は要《い》ります。「内部管理をする人もいれば、営業をする人もいれば、製品開発をする人もいる」という感じでしょうか。

彼は、「まずは、そのような経営担当チームが要る。そのあと、部下を使ってやっていかなければいけないようになる」ということを言っています。

このあたりは、非常に参考になりました。何とかして組織をつくり上げなければいけないということです。

秘書部門を立て直し、崩壊しない「宗務本部《しゅうむ》」をつくり上げる

先ほど述《の》べた、ハワイ遠征チームが崩壊したあとの秘書の立て直しは大変だったのですが、その翌年ぐらいに、優秀な人材がけっこう入ってきました。一九九四年ぐらいだったでしょうか。

その頃、今、幸福の科学学園の理事長をしている木村智重《ともしげ》さんが銀行から入ってきたのですが、彼は、秘書たちの数々の崩壊の過程を見て、二重構造を考えつき、秘書の〝一軍〟と〝二軍〟をつくったのです。

一軍とは、私の前に直接出てきて動き回る秘書です。私の顔を見て直接話をして、〝被害〟を受けやすいチームが、一軍チームです。直接怒《おこ》られたり、秘

書をクビになったりするのが一軍で、その外側に二軍チームを置き、〝お堀《ほり》〟を二重に敷《し》いたのです。

二軍チームには、秘書であるのに、三年ぐらい私と顔を合わせない人もいました。「先生の顔を見たら逃げろ。顔を見てはいけない。先生の姿を見たら、すぐに姿を隠せ」というような命令が出ていて、「先生の目を見たら、反省文を書かせる」というぐらい、「絶対に先生に見つかるな」という感じだったようです（笑）。

確かに、秘書として一年いるのに、逃げていく後《うし》ろ姿を二回ぐらいしか見たことがないような人がたくさんいました（会場笑）。「チーフとして部下を使っている人なのに、姿を見たことがない」という秘書がたくさんいたのです。

さらに、彼は、建物を建てるときも、二重構造にして裏動線《うらどうせん》をつくりました。

秘書が私と会わないように、表の廊下《ろうか》と裏の廊下をつくったのです。

その分、人が余分《よぶん》に要ることになりました。もともと、秘書は数名から十数名ぐらいで回していたのですが、その頃から四十名ぐらいになって、人数はダブルになったのです。

確かに、〝二軍〟をつくって供給源をつくったために、〝一軍〟の崖《がけ》が一部崩れて崩壊しても、二軍から、二、三年ぐらい経験のある人が上がってきて、出てくるというかたちになりました。彼らは仕事のやり方が分かっているので、供給が効《き》くのです。

「二軍から上がっていったら、二軍の空《あ》いたところに次の人を入れ、待機させる」という二重構造でやり始め、その後、ここを「秘書部」から「宗務《しゅうむ》本部」と呼ぶようになりました。そうすると、何度も激しい〝被害〟は出ましたたが、何とか崩壊しないようになったのです。

私も、ゴジラのように〝放射能〟を吐《は》きながら暴《あば》れて、大都市の〝破壊〟をしていくので、総裁が動いたあとは、ものすごい〝破壊〟になります。〝放射能の炎〟は加減が効かないので、当たったものは全部〝破壊〟されていくのです。ですから、秘書チームは、一軍と二軍をつくることで、何とか現在まで残っているわけです。

最近は、一軍と二軍との違いは、そんなにはっきりしなくなってきています。わりに最初からスッと私の前に出られる人が増えてきています。これは時代の流れの変化によると思いますが、そうなってきたことを覚えています。

それから、ほかの組織についても訓練をするようになっていきました。

各局で、なけなしの頭脳というか、知識を持ち寄って、業務教本やマニュアルのようなものをつくるのですが、つくったら一年も経《た》たないうちに、そのマニュアルはすべて崩壊するのです。

どんどん変わっていくので、通じなくなるのです。「つくっても、つくっても、駄目《だめ》になっていく」ということが数多くあって、非常に厳しいのです。

そういう意味で、当会の場合、決裁のルールから人材養成のルールまで、全部やり方が決まっている百年企業のようにはいかず、大変でありました。

4　組織が生き延《の》びるための必須条件①「イノベーション」

イノベーションをどう伝えるか

もう一つ、述べておきたいことがあります。

一倉定《いちくらさだむ》の経営書には、「口で言ったものは残らないから、駄目《だめ》だ」ということが書いてあります。「部下に口で言って、命令が通じていると思ったら間違いだ」ということです。彼がコンサルタントに入った会社には、仕事があまりできない社員が大勢いるようなところが多かったのでしょう。一倉定は、「メモでも何でもよいから、必ず書いたもので渡せ」ということを言っているのです。

そこで、私も一九九〇年代は、メモをずいぶん書きました。そうすれば、命令を受けた人は、私が言ったことを正確に覚えられなくても、メモを渡していけばよいのです。メモには、内容的に外《はず》されたら困ることだけを書いてあるので、渡していけば、全体に通じていくわけです。ということで、メモをずいぶん書いたのです。

そのあと、幹部たちは、何だか判例《はんれい》のように、会議をした内容まで記録をするようになっていきました。私が役員会議、幹部会議等でした話を、判例のように記録して、それがずいぶん溜《た》まっていったようです。これは、イスラム教で言えば、『ハディース』（ムハンマドの言行録《げんこうろく》をまとめたもの）に当たるでしょう。

私がいなくても、「そのときの会議では、先生はこう言った」という〝判例〟がたくさん残っているので、今度は、それに基づいて、事務局の部長代理あたりが指示を出せるような体制が出来上がっていったのです。

つまり、私のほうは考え方が少し変わっているのに、下のほうでは、十年前に指示したようなやり方で、そのまま片づけてやっていることがあり、「これはいかん」と思うようなことが、よく出てくるようになったわけです。

マニュアルをつくって、みながわできるようにしなければいけないけれども、当会は、どんどん変化していく組織なので、マニュアルはすぐに陳腐《ちんぷ》化《か》していきます。

ということで、イノベーションが必要になります。そのとき、「イノベーションをどう伝えるか」というところが難しくなってくるわけです。

そういうこともあって、私は、できるだけ多くの人に話をするというスタイルを取るようになっていきました。イノベーションのときは、考えが変わるわけですが、密室で会議だけをして誰かの口を通してやるだけでは、やはり、話したことの一部しか伝わらないことが多かったのです。

そこで、会員向けの話もしますが、職員向けにも話をすることを、よくやったのです。運営の話もしました。その私の話について、「拝聴《はいちょう》は職員限り」とか、「どこそこ限り」とかいうレベルを設定するのが、事務局の〝仕事〟だったりしたようですが、とにかく、話をしないと考え方は全員に伝わらないということです。

一九八九年末から九〇年にかけて、紀尾井町《きおいちょう》ビルに事務所が移りました。大会社のような事務所になったのですが、その頃、私は総合本部によく出勤し、主《しゅ》として理事長相手ですが、よく話をしていました。

当時は、一日八時間ぐらい事務を執《と》っていたと思うので、今とは全然違います。ほとんどのものに目を通していましたし、決裁なども、一件一件、目の前で、「これについては、こうだ」と意見を言って、渡したりしていたのです。ただ、私の話す速度が速いために、全部をノートに書けないということで、大学のノートがよく取れる秀才たちが、ノート係として入ってきて、ノートを克明《こくめい》に取ったりしていました。

しかし、八時間話したものをみなに伝えるというのは、大変です。今のように、九十分か二時間で本を一冊つくれるような人が、八時間も話したら、どのくらいの量を話すかというと、そうとうなものでしょう。伝え切れず、「結局、覚えていない」ということが起き、かなり無駄《むだ》にはなりましたが、実際に、そういうことをやっていたこともあります。

そのように、毎日ではありませんが、総合本部に出勤し、実務を全部やり、一個一個、判断していたこともあります。初期の頃は、ほとんど、事務仕事の判断について全部やっていました。最初は、封筒を開けて出てきたもの全部を判断するところまでやっていたわけですから、それを、だんだん、人に任せていくという過程だったと思います。

そういうことで、いろいろなことを経験しながら変化していったわけです。

ドラッカーの説くイノベーションの本質は「体系的廃棄《はいき》」

今回は、「イノベーション経営の秘訣」と題して話をしていますが、イノベーションというのは、当会においては、本当にものすごく激しいものであったと思います。次から次へとイノベーションが起きていきました。

ドラッカーは、「イノベーションとは、『何か新しいものをつくることだ』と考えがちだが、そうではない。イノベーションの本質は、体系的廃棄《はいき》である」と言っています。「それまで、組織立《だ》ってやってきたやり方、秩序《ちつじょ》立ってやってきたやり方、筋道《すじみち》を立ててやっていたやり方を、ガッサリと捨てなければいけないときがくる」ということです。「これがイノベーションだ」と言うのです。

これは、企業が大企業に成長していく過程を経験した人なら、みな分かることです。けれども、企業規模が変わらない老舗《しにせ》で、ずっと同じやり方をしているようなところの人には、全然分からない、意味不明の言葉だと思います。実際に、どんどん新規事業が起きて、広がっていったようなところの人は、みな、ドラッカーの言っていることは分かるのです。

「体系的に廃棄しなければいけない」というのは、要は、「それまで、やっていたやり方を捨てなければ、前に進めない」ということです。「それまでのものを残しながら、積み重ねていく」というかたちでは、できないことが起きてくるのです。

したがって、「捨てることが大事である」と言うわけです。それまで成功していた考え方を、ある意味で、捨てていかなければいけないということです。

これは実に厳しい話であり、「自分の成功要因だったものを、自らの手で捨てなければいけない」ということが起きるわけです。これは実に厳しいことではあります。

ただ、変化の激しい時代では、あるいは、ライバルが多い業種では、やはり当然のことです。ライバルが出てきて、新しい商法で攻めてこられたとき、それまでどおりのやり方でやっていたら、負けるでしょう。それに対応するには、やはり、「新しいやり方」を考えつかなければいけません。そうしなければ、敗《やぶ》れ去ることになるのです。

そういう意味で、それまでのやり方を捨てなければいけないということが出てくるのです。

いちばんよい組織とはどういうものか

これが、一つあったということで、当会も、「捨てる」という意味では、ずいぶんと捨ててきたものがあります。

幹部もずいぶん入れ替わりましたし、いなくなった人も多いです。変わらない者は、もたなくなり、イノベーションをかけなければいけなくなったことがありました。それほど運営は難しかったと思います。

それまで幹部としてやっていて威張《いば》っていた人で、私のほうも頼りにしていたような人がいなくなったら、「さぞ、大変になるだろう」と思うでしょう。

ところが、不思議なことに、そういう人がいなくなったらいなくなったで、仕事は回っていくのです。新しい人が適応して、やり始めるのです。

同じところにずっといると、考え方を変えることができなくなって、永遠に変えようとしなくなるのですが、その人を替えると、次の人が新しい考え方に適応してやり始め、けっこういけるようになるのです。

今は、ある程度、安定して採用もし、教育もして、使っていくようにしているので、昔ほど荒々《あらあら》しいことはなくなっていますが、最初の十年あたりでは、幹部だと思っていた人に辞められて困ったかと言ったら、困ることはほとんどありませんでした。いなくなったことで、むしろ、発展することのほうがよほど多かったのです。

老害化《ろうがい》と言うと、語弊《ごへい》があるかもしれませんが、人間というのは、あっという間に、固まった「有《う》」の状態になってしまい、考え方を変えられなくなりま

●有　仏教用語。ここでは、「年を取ると、自分の考え方や行動の仕方がだんだん変えられなくなり、魂の傾向性が固まってしまうこと」を指す。

す。

自分が得た成功体験が捨てられないし、過去の成功体験に基づいて次の人を教育すると、下の人たちも、同じやり方を必ずまねするようになります。これで変えられなくなっていくことがあるのです。

ですから、いちばんよいのは、「どこからでも人材が出てくるような組織」でしょう。それがよいと思いますし、「必要に応じてアメーバ状に変化していく組織」でよいとも考えています。

さらに、今は、「年齢も男女も関係なく、いろいろなところから人が出てきても構わないような組織」を目指しています。

これも難しいところです。年功序列《ねんこうじょれつ》型の古い会社であれば、〝巡航《じゅんこう》速度〟でゆっくり上がっていかないと、定年までいられません。昔の財閥《ざいばつ》系の企業などは、だいたいそうでした。出世速度がすごく遅いのです。二十二、三歳で入って、ゆっくり上がり、六十歳ぐらいまで働いて、四十年近く会社にいたら、役員になれるような感じでした。

何年か役員をさせ、それから、常務になれる人や専務になれる人を少しずつ絞《しぼ》り込んでいき、最後は社長になって、四年か六年ぐらいで交代していくという感じのシステムが、ずっと出来上がっていたと思うのです。

ところが、一九九〇年代のバブル崩壊から二〇〇〇年代に入り、ＩＴ系の企業がそうとう出てき始めると、若い経営者が出てきました。若い人たちが次々と新しい企業を立ち上げ、急成長させて大きな企業をつくり上げるような時代に入っていったので、考えとしては、昔とはかなり違うだろうと思います。

もちろん、早すぎて失敗することもあります。例えば、ホリエモン（堀江貴《ほりえたか》文氏《ふみ》）のライブドアのように、入社して一年目ぐらいの人に関連会社の社長等を任せる場合、教育期間としては、おそらく足りなかっただろうと思います。成長度が過ぎると、そういうこともあるのです。

やはり、経営者は、「一定の教育をして、人を育てながら組織を大きくしていく」ということを学ばなければいけません。

「異質なものの結合」でも、イノベーションは起こせる

ドラッカーのいうイノベーションの方法は「体系的廃棄」ですが、もう一つ、ドラッカー的にはあまり言っていないことですけれども、いわゆる「発明・発見」というものもあります。

理系からもよく言われていることですが、「イノベーションとは、新結合で起きる」というわけです。「異質なもの同士が結合することで、新しいものができることも、イノベーションである」と言われているのです。

つまり、異質な発想を組み合わせることで、新しいものが生まれてくるということです。まったく新しいものをつくり出そうとするのではなく、「全然違うものをくっつけたら、どうなるか」ということから、イノベーションが起きると言われています。このあたりが大事です。

ドラッカーは、少し別の言葉で説明し、「経営や勉強をして知識を積み上げただけでは、イノベーションはなかなか起きない」というようなことを言っていたと思います。

「雑学と言われるようなことかもしれないが、それ以外の、いろいろなことに関心を持ち、勉強の領域を広げておかないと、新規なことを思いついて、つくり出すことは、なかなかできない」ということを彼は述べているので、一応、似たようなことは言っているのです。

イノベーションを起こすためには、業務に当然必要だと思われるオーソドックスな知識や情報を手に入れることは、当然のことですが、それだけでは、イノベーションは起きません。

それ以外にも、新たに、時代が変化してきて、流行《はや》ってくるものなどがいろいろとあるので、そういうものをじっと見て、「こういうものが今、流行ってきているのだな。これにぶつけるのには何があるか」ということを考えなければいけないのです。

そういう意味で、研究は大事です。「異業種のものや、別のもののアイデア

など が、自分のところでも使えないかどうか」「こういうことを組み合わせていって、何か新しいものをつくれないか」ということです。

幸福の科学のイノベーション例(1) 経営学が学べる宗教

例えば、私であれば、宗教なので、当然、宗教としての勉強はしていますが、宗教以外の学問領域についても、かなり勉強しています。そして、宗教のなかに違うものをくっつけると、それだけでもイノベーションになるのです。

世の中には、「宗教だったら、『鰯《いわし》の頭も信心《しんじん》から』で、信心するだけでしょう?」と思っている人はたくさんいるし、「弱い人が頼るところでしょう?」というくらいに思っている人もたくさんいます。あるいは、「病人が行くところでしょう?」というように言う人もいます。

もちろん、宗教には、そういうところもあります。人生に悩んでいる人を救うこともあれば、病気を治すこともあります。

しかし、当会の場合、宗教へ来たら、実は「経営学」も学べるのです。経営学をやる人にとっては、経営学は普通のことですが、宗教ができて、信心しながら経営学が学べるというのは、これはこれで十分なイノベーションなのです。

宗教では、自殺しようと思っている人たちに対して、「どうやって思いとどまらせるか」という説教をする仕事もしています。当会は、自殺防止キャンペーンをやり、みなで自殺を思いとどまるように慰《なぐさ》めたり、「助け合って生きていきましょう」ということを話したりもしています。これは宗教のオーソドックスなかたちでしょう。

それもありますが、「経営学的に言って、あなたの会社は、ここをこうしたら立ち直ります。そうすれば、自殺しないで済むし、社員はクビにならずに済み、社業は繁栄します」ということも言っています。「経営が立ち直って繁盛《はんじょう》し、実際に儲《もう》かったら、あとで寄付してください。植福《しょくふく》してくださいね」と言っても、文句はないでしょう。

このように、経営状態がコロッと変わるようなアドバイスも言えます。これでも、宗教としては十分なイノベーションになるわけです。

幸福の科学のイノベーション例(2)　学問的な領域を取り入れる

あるいは、理科系的な発想を入れるというやり方もあるかもしれません。

また、例えば、政治なら政治、法律なら法律というように、学問領域の考え方を一部取り入れることで、イノベーションが起きることもあります。

「宗教とは悩み相談である」と思われていますが、悩み相談のなかには、政治が悪いために起きていることもたくさんあります。

そうであるならば、やはり、政治を新しくするべく、何か発明をしなければいけません。「この国がどちらの方向に動いていけば、よくなるのか、悩む人が少なくなるのか」ということで、意見を出すこともあるのです。

あるいは、宗教で言えば、原罪論《げんざいろん》のようなものがあります。キリスト教には、原罪という思想があり、「昔、犯した原罪によって人類は呪《のろ》われており、その罪のために苦しまなければいけない。男は額《ひたい》に汗して労働し、女は陣痛《じんつう》などの出産の苦しみを味わわなければならない」ということが言われています。

「これは、すべて、人類の祖先であるアダムとイブが、エデンの園《その》で蛇《へび》の誘《ゆう》惑《わく》を受け、知恵の木《こ》の実《み》を取って食べたためである」と言われています。

このあたりは、現代人にはそう簡単に通じるような議論ではありませんが、第一原因のことを言えば、そういうことも言えるわけです。

「あなたが今、苦しんでいるのは、アダムとイブのせいだ。イブがアダムを唆《そそのか》したためにこうなった。女というのは、そのように男を唆しては堕落《だらく》させ、楽園から追放するものだ」と言われ、「それで今、あなたもそうなっているのだ」と言われれば、もちろん、「そのとおり」という面もあるかもしれません。

しかし、そういうことではなく、現在ただ今、生活が苦しいというときには、その原因がある場合もあります。それは政策的な問題で起きていたり、経済的な問題で起きていたり、さまざまな理由で起きている場合があります。それを解決する原点のところ、源流のところに意見を言って、変えさせるということもあるのです。

例えば、「日本人はとても悪い人間で、さんざん悪いことをしたので、戦後、その反省から出発して、『二度と戦争はしません。平和な民族になります』と言い、これで、戦後は守られてきて、発展しました」ということを、七十年近く信じている人が大勢いるわけですが、そのわりには、近所は騒《さわ》がしくなってきています。軍艦《ぐんかん》をたくさんつくり、戦闘機を飛ばし、何だか戦争の準備をしているような国が出てきているのです。

ですから、「これは何か間違っていないか」と思うところがあるわけです。

〝平和の信心〟をずっとしていて、そのことが見えないという人が数多くいますが、やはり、次の不幸を事前に抑止しなければいけないという問題も出てきます。

そこで、考え方を変えて、「戦争の犠牲《ぎせい》者や親を亡くした子供たちをつくらないために、事前に抑止しなければいけない」ということもあって、そういう意見を先に言うという行動も、活動として出てきているわけです。

これもイノベーションとして出てきたものです。新しい領域について開拓し、勉強したために、そういうイノベーションが起きているのです。そういうことが言えると思います。

5　組織が生き延びるための必須条件②「マーケティング」

マーケティングとは「顧客《こきゃく》の創造」である

考え方はいろいろありますが、とにかく、企業なり組織なりが生き延びていくためには、「イノベーション」と、もう一つ、「マーケティング」が必要です。この二つはどうしても抜けません。

ドラッカーは、「企業である限り、イノベーションとマーケティングの二つは、永遠についてまわる」ということを強く主張しています。これは極めて大事なことです。これだけは忘れてはならないのです。

つまり、同じかたちでずっとやっていたら、いずれ滅びるということです。これは間違いなく滅びます。世間が進化し、同業他社も進化して、世間のニーズも変わっていきます。そのなかで、ずっと同じかたちだけでいけば、いずれ滅びます。ですから、イノベーションは確実に必要なのです。

もう一つは、マーケティングの機能です。マーケティングについては、ドラッカーも基本的に一倉定《いちくらさだむ》と同じことを言っています。一倉定のほうにドラッカーの影響が入っていると思いますが、要するに、「マーケティングとは、顧客《こきゃく》の創造なのだ」ということです。

ドラッカーは、「事業の目的は、結局、顧客の創造である。顧客を創造できなかったら、事業は続かないのだ」ということを言っています。この顧客の創造をするのが、マーケティングの機能です。

顧客をつくらなかったら、ものも売れないし、サービスを提供しても利用してもらえません。

例えば、電車をつくっても、車庫のなかに置いていたら、何も顧客は生まれません。線路の上を走らせて、各駅に時刻表どおりに通すことで顧客が生まれますが、車庫のなかに隠していたら、顧客はつかないし、電車はまったく収入を生まないのです。これはバスであっても同じです。

そういう意味で、ものをつくったとしても、売れるようにして、顧客をつかまなければいけないのです。「顧客の創造が事業の目的である」ということを、ドラッカーははっきりと述べています。これは、やはり新鮮《しんせん》なものです。

顧客が増えなければ、内部改革をしても意味がない

（本を手に取りながら）ここに、『マネジメント』という大きな本があります。三分割《さんぶんかつ》にしている本もありますが、読んでも、なかなか理解できない人も多いと思います。

社長のなかには、経営あるいはマネジメントと言えば、大量の書類のようなものを捌《さば》いて、判子《はんこ》をつくことだと思っている人も大勢います。判子が三十個も五十個もついているようなものを、とにかく読むことだと思っている人が数多くいますが、そういう管理業務だけをマネジメントだと思うのは甘いのです。

要するに、「経営あるいは事業というものは、結局、顧客の創造をしなければ

ばいけないのだ」「すべての成果は外部にある」ということです。

外部から成果をあげなければ、売り上げも立たなければ、利益も出ません。書類の仕組みを変えたり、人を異動させたりして、中身ばかりいじっていても、売り上げにもならなければ、顧客の獲得《かくとく》にもならないのです。

それを変えることで、顧客が多くつかめるというのなら、話は別です。そういう目的でもってやるなら違いますが、ただ会社のなかにいて、なかをいじっているだけであれば、何にもならないのです。

ここが勘違いをするところです。社長とか、役員とかいうと、内部管理をしているだけだと思っている人が大勢いますが、これは間違いなのです。ということで、ドラッカーは、これについて警鐘《けいしょう》を鳴らしています。

顧客の創造は、宗教で言えば、「信者の獲得」ということです。

いろいろなことをイノベーションしてもよいし、事業改革をしても、機構改革をしてもよいかもしれませんが、最終的には、信者の獲得に結びついていかなかったら、内部の機構改革や人事異動、賃金体系を変えたりすることは、何の意味もありません。

「結局、そうしたほうが信者は増えていく。教団として発展・繁栄していく」ということなら、やっても構《かま》わないですが、関係なく、なかだけをいじっているだけなら、正月に家のなかで双六《すごろく》をやっているようなもので、全然意味がないのです。「一円にもならない」「これは遊びだ」ということに気がつかなければいけません。

ドラッカーはそういうことを言っています。これは、絶対に忘れてはいけないことです。

要するに、「顧客が増えなければ、事業として発展はない」ということです。ある意味では、「顧客を奪われるだけだったら、潰《つぶ》れていく」ということです。

宗教においても、マーケティングは必要

宗教では、そういうことはないだろうと思っていましたが、三十年近くやってきたら、必ずしもそうではないことに気づきました。

先行していた宗教や、戦前からある宗教、伝統的な宗教等で、どんどん信者が減っていくのを見ると、自分では「私が悪いわけではない」と思っているのですが、「向こうのほうは、そうは思っていないかもしれないな」と感じることがあります。

ほかの宗教が公称で発表している人数が、どんどん減っていくのです。内心では、「ほかの宗教は、『これは幸福の科学のせいだ』と思っているのではないか。月夜の晩ばかりではないから、（夜道は）気をつけなければいけないかな」と思うときもあります。

何だか知りませんが、当会が「公称で、このくらい増えました」と言っているのと同じぐらい、よその公称人数の合計が減っていくということが、ここ二、三十年間続いています。まことに不思議です。

伝統的な宗教というか、鎌倉時代等に始まったような宗教は、お寺を一万カ寺《じ》も持っていたりしますが、みな経営が厳しくなっています。檀家《だんか》の人は、だんだん法事をしてくれなくなったり、葬式《そうしき》も「自然葬」と言って、灰を海や野山に撒《ま》いたりし始めていて、坊主外《ぼうずはず》しが始まって、経営危機が訪れているのです。

ただでさえ、学校の教師等をしながら、土日にお坊さんをやって、お寺を守っているのに、いよいよ、お墓が要《い》らない時代のほうに持っていかれようとしています。世間のマーケットのトレンドは、そちらのほうに向いています。お墓がなくてもよいような方向に向かっているわけです。

「お墓がなくてもよい」ということは、「お墓を更地《さらち》にすれば、マンションが建つ」ということです。これは、私がいる港区や品川区でよく起きている現象です（笑）。墓地のあった広大な所が均《なら》され、マンションがボンボンと建っています。経済的には、絶対にそちらのほうが有利でしょう。

そういうことで、「葬儀をして、お墓に埋葬する」ということを外そうという動きが、今、だんだんと起きているのです。

これに勝てなければ、伝統宗教は敗れ去るでしょう。これまで、大きな教団と言っていた宗教でも、あっという間に縮《ちぢ》んでしまい、過去のものになっていくと思います。

新宗教の世界でも競争があり、淘汰《とうた》が起きている

賢いところは、もう〝衣替《ころもが》え〟を考えているかもしれません。

代々木ゼミナールが、ホテル業に変えようとしていると言われているぐらいなので、お寺のお坊さんも、もう一回、社会人大学で、ホテル業の勉強をするなり、マンション業や不動産業を勉強するなりして、不動産管理に仕事を変えたほうがよいかもしれません。そのほうが生き残れる可能性はあります。

アメリカは、すでにかなりそうなっています。教会を建てるとき、普通は、屋根を高くしてワンフロアーで一階しかつくりませんが、それでは土地効率的に悪いのです。土地の値段がとても高い所では、そんなやり方はもったいないので、やはり、高層ビルを建て、教会は地下などに入り、上のほうは店舗《てんぽ》や住宅として貸しています。そのほうが儲《もう》かるので、だんだんそうなっています。

日本にも、その波は押し寄せてくるかもしれないので、伝統宗教も、そんなに安閑《あんかん》としてはいられないでしょう。新宗教でさえ、ここ数十年の間《あいだ》に、雨後《うご》の筍《たけのこ》と言われるぐらいたくさんの宗教ができましたが、競争が起きて次々と淘《とう》汰《た》され、潰《つぶ》れるところも出てきています。「生き残るところ」と「潰れるところ」、「勝ち組」と「負け組」、「大教団になれるところ」と「なれないところ」とに分かれてきているのです。

したがって、しっかり勉強していないと、駄目《だめ》だということです。

伝統宗教の人たちは、「新宗教の人にはビジネスを経験した人が多く、商売上手で、すごいですね」と言いますが、新宗教のなかにも力量に差があって、やはり、淘汰されてきています。

経営学的に見た「幸福の科学」と「ワールドメイト」の違い

例えば、一九八〇年代に起きた宗教には幾《いく》つかあり、代表的なものは、オウム真理教、法《ほう》の華三法行《はなさんぽうぎょう》、コスモメイト（現在のワールドメイト）、それから幸福の科学です。

この四つがありましたが、すでに、オウム真理教や法の華三法行は、教祖《きょうそ》が刑務所入りをして事実上なくなっています。コスモメイト変じてワールドメイトと称しているところは、能をやったり、外国の歌手を呼んで一緒にコンサートをやったり、極《きわ》めて怪《あや》しい経営をしていますが。予備校もやっていますが、危険な動き方をしているので、どうなるかを見ています。どうなっても結構ですが、当会のほうが被害を受けないようにしなければいけないので、よくウオッチはしているのですが、やはり、競争はかなり厳しいです。

ワールドメイトは、「〝知の巨人〟は何人かいるが、〝知の阪神《はんしん》〟はウチしかない」ということを宣伝していますが、「この人、ちょっと大丈夫かな。疑われないかな」と思います（会場笑）。

「このギャグで大人に通じる」と思っているのでしょうか。全国紙に広告を出し、普通のサラリーマンが見たら、「ちょっとキテるな」と思うレベルですが、予備校生ぐらいだったら、その程度のギャグでも通用するのでしょう。さすがに、私は「危ないな」と思っています。当会に対抗して言っているのでしょうが、残念ながら、似ているようで、似ていないところがはっきりとあるように感じます。

やはり、本業のところをずっと突き抜けていかなければいけません。本業を突き抜けていけば、それに関連するものを同時にやっていくことはできるのです。「いろいろなものをパラパラとやっていれば、華《はな》やかに見える」というような考え方は、基本的に間違いだと思います。

成果をあげようとすれば、中心軸を外《はず》してはいけない

ドラッカーも、「成果をあげようとすれば、一つのことに集中しなければいけない」と言っています。そういうところがあるので、やはり、本当によい仕事をしようと思ったら、本業はガシッとやらなければいけません。

ドラッカーは、十三歳のとき、学校の先生から、「大きくなったら、何によって人に憶《おぼ》えられたいか」と訊《き》かれました。子供たちは、パイロットとか、政治家とか、会社の社長とか、医者とか、いろいろなことを言うかもしれませんが、ドラッカーは、「先生のこの質問が耳から離れない」と述べています。

それは何かというと、その先生は、「もし五十歳になって、この質問に答えられないようだったら、君の人生は失敗である」と言うのです。「五十歳になって、『自分はいったい何者か。何がしたかったのか。何によって人に憶えられたいか』ということへの答えを見つけていないようだったら、成功しているとは言えない」ということを言ったわけです。

これは、ある意味で、「いろいろなことをやっても構わないが、基本的に、『自分は何でもって世の中に認められようとしているのか』という中心軸は忘れないようにしなさい」ということです。

幸福の科学であれば、やはり、「人類幸福化運動」という中心軸のところは外《はず》していません。それは、言葉を換えれば、「人類の救済」であるし、「仏国土《ぶっこくど》ユートピアの建設」であるのですが、この中心軸は、基本的には外していないのです。

この中心軸を中心にして、それに関連する必要な仕事はつくっていますが、いろいろなことがやりたくて、やっているわけではありません。中心軸の部分を自己実現しようとして、いろいろな事業もやっていますが、それ自体を目的にしてやっているわけではないのです。

ただ、ドラッカーは、「一つの仕事に集中せよ」ということをやや言いすぎる気《け》もあるので、若干《じゃっかん》、このあたりについては、心配な面もあります。人によって、多少、違いがあることもあるからです。

6　貴重な経営資源としての「知識」「時間」

多様な知識をどう短時間で吸収し、ポイントを押さえていくか

ドラッカーは、別のところでは、「これからは知識・情報が経営資源である」と言っています。もちろん、あとは機会・チャンスというのもあり、「知識や情報や機会が、貴重な経営資源なのだ」ということを言っています。

知識や情報が貴重な経営資源であると考えるならば、一つの技《わざ》ですが、「多様な知識をどのようなかたちで短時間で吸収し、ポイントを押さえていくか」

ということを確立すれば、そうとうなものになるでしょう。「どのようなかたちで、知識の吸収がなされるべきか」というやり方には、まだ努力の余地があると思います。

私は、同時並行処理的にいろいろなものを学んでいることが多いのですが、やはり、一日の時間は限られているので、「できるものなら、そういうことをやりたい」と思っています。

経営資源としての時間は、みな同じく一日二十四時間しかありません。寿命《じゅみょう》には差があるかもしれませんが、自分の寿命は平均寿命と同じぐらいだと考えたら、やれることというか、持っている時間は限られているし、「その時間をどれだけ効果的に使うか」ということについては、かなり個人差は出てきます。

マルクスの『資本論』でもないし、炭鉱《たんこう》労働者でもないので、一人の一時間が、ほかの人の一時間と同じ価値を生むようであっては駄目《だめ》です。少なくとも、経営者として大きな事業をやっているならば、経営者の一時間が、平社員の一時間と同じ価値しか生まないというのは話にならないのです。

仕事を部下に下ろし、自分はより付加価値の高い仕事を

やはり、「時間価値」を上げなければいけません。

時間価値が上がるということは、逆の見方をすれば、「持ち時間が増える」ということと同じです。

単純に考えれば、仕事にもランキングがあるので、偉《えら》くなっていけば、より重要な仕事に自分の時間を使い、自分でなくてもできる仕事は、自分よりも地

位が下か、あるいは給料の安い人にやってもらうことです。つまり、部下を使うということです。基本的には、そういうかたちになります。

基本的に、付加価値の高い仕事に自分の時間を使っていくように、上が努力しなければ、仕事のレベルは全体には上がっていかないということです。

トップは、トップにしかできないような仕事に、できるだけ自分の時間を使うようにして、ほかの人ができる仕事はほかの人に任せていくことです。「仕事の仕方を固めて、任せていく」「自分でしなくても、部下でもできると思ったら、それを任せていく」というかたちでやっていくと、基本的に、そのスタイルが出来上がってきます。

最初に始める新規事業や、全社を挙《あ》げての重要な難しい事業のようなものは、トップ自らがチャレンジ精神を発揮し、リスクを冒《おか》さなければ、できない面がありますが、一定量、突破して、やり方が分かってきたら、それをいつまでも同じ人がやり続けるのは無駄《むだ》なことです。

社長がやっていたことを、次は重役ができ、役員ができ、部長ができるように、仕事をだんだん固めて、下ろしていくことです。定型化したルーティンにして、部下に下ろしていけるようになったら、ピラミッド型の階層ができてくるようになります。これが、いわゆる企業が大企業化していく道なのです。

大きくなっていく企業は必ずこれができたところです。これができなかった場合、要するに、「自分一人しか分からない」という運営をしている場合は、中小企業あるいは零細《れいさい》企業から大きくはならないのです。

したがって、「いかにこれをつくっていくか」ということが極めて大事であろうと思います。

そういう意味で、「時間」というものの価値をよく知り、上に行くほど、時間価値を高める努力をしなければいけません。くだらないことのほうに時間を使うようであっては駄目です。時間価値を高めていかなければならないのです。

そして、時間価値を高めていくなかに、一見、無駄に見えるかもしれませんが、先ほども述べたように、「周りで何が起きているか」「今の時代に起きていることは何か」ということに対する関心も持っていなければいけません。「そうしなければ、イノベーションは起きない」とも言いましたが、これも非常に重要なのです。

「未来は、現在ただ今のなかにある」

ドラッカーの意見によれば、「自分の経営理論から見たら、未来予測のようなことをする人は、信用しない」とのことです。この人は、霊感者《れいかん》や霊能者、天才を自称する人が徹底的に〝嫌い〟なのかなと思います。

この人は、若い頃、最初の本を書く前は、経済記者をやっていたようです。大学に通いながら、経済新聞のようなものに書いていたらしく、株の予想のようなことをやって大ハズレし、大損したのか、させたのかしたらしく、それで、「投機《とうき》的なことには手を出さない」と、懲《こ》りたらしいのです。

そういうことで、「未来予想のようなものでは、飯《めし》を食べない」ということを腹に決めたらしく、もう少しかっちりしたもののほうをやろうとして、「すでにあるものを研究する」ということに重点を落としたわけです。

晩年、彼は、自分のことを「社会生態学者」と呼んでいましたが、これはジョークなので、まともに受け取ってはいけません。実は、冗談で言っていたのです。本気にしている人がたくさんいますが、「社会生態学者である。社会の生態を見ているのだ」などというのは、本当はからかって言っていたのです。

この人は、ゲーテの『ファウスト』に出てくる、物見台《ものみだい》から見ている人に自分を喩《たと》えるのが好きだったので、そのように傍観者《ぼうかんしゃ》のようなことを言っていますが、これは冗談であり、やはり、本職は、経営学者としての考え方を基本的には持っています。遊びで言っていただけのことで、「経営学者」なのです。

そういう意味で、未来予測、未来予知、占《うらな》い風のもの、超能力風《ふう》のものは怖いので、基本的に、あまり手を出していません。若い頃に懲りたので、手を出さないわけです。

したがって、「未来は、現在ただ今のなかにある」ということが、彼の基本的な主張です。「未来を知ろうとしたら、現在ただ今を研究せよ。未来は、現在ただ今にすでに起きているのだ。すでに起こった未来があるということを知れ。すでに起きている未来を探せ」というわけです。

アップルもマイクロソフトも小さいところから始まった

将来、大きくなるものというのは、ある程度大きくなれば、誰が見ても分かります。しかし、現在ただ今、小さな会社だったり、小さなお店だったりしたとしても、そのなかに、将来、流行《はや》って、ガッーと伸びてくるものがあるのです。

例えば、ユニクロであれば、父親から宇部《うべ》市の一洋品店を譲《ゆず》られたところから始まっています。「早稲田《わせだ》の政経を出て、宇部の一洋品店の店主で終わるのは悔しいな。悔しいから、経営的に成功して広げたい」と思って、ユニクロを広げ、海外にまで展開し、自分の満足するところまでやっています。

そのようなもので、洋品店の店主だからといって、バカにしてはいけないのです。そのなかに未来があることもあるわけです。

ダイエーも、最初はサカエ薬局という薬局から始めて、広げています。みな、最初はそういう一つの小さいものから始めたのです。ですから、あとで大きくなっていくものが、同時代にはあるわけです。

コンピュータの会社も、最初は、三人とか四人ぐらいだったものが多いですし、アップルも、スティーブ・ジョブズと同僚一人か二人ぐらいで、自宅のガレージから始めています。その当時は、あんな巨大な企業になるなんて、誰も思わなかったことでしょう。

ガレージでやっているときに、「この人は天才だ。この会社は大きくなる」と見抜けた人がいたら、大儲《おおもう》けできたでしょう。しかし、なかなか、それは分からないのです。

マイクロソフトのビル・ゲイツもそうです。ビル・ゲイツは、最初、金魚のフンのような存在で、大企業ＩＢＭにくっついて、お裾分《すそわ》けをしてもらうことで、飯《めし》を食っていました。

ＩＢＭは、ハードのほう、つまり、大型コンピュータを売ることに関心があり、ソフトのほうにはそれほど関心がありませんでした。「ソフトは大したことがない。ハードが大事だ」と思っていたのです。そして、大きなコンピュータをつくることで世界を支配するという、巨大ＩＢＭ帝国に誇りを持っていたのです。

ビル・ゲイツは、「ソフトなんか大したことありません。ほんのちょっとした工夫ですから。大したことないですよ」と言いながら、金魚のフンのように入っていき、その部分で仕事をもらっていったのですが、気がついたら、ＩＢＭは、マイクロソフトにいつの間にか逆転されていたのです。

情報を集め、経験を広め、「何が流行《はや》ってくるか」をよくウオッチせよ

小さいものを蔑視《べっし》して、大したことがないと思っているようなもののなかに、実は、次の時代の芽が必ずあります。

したがって、「未来を予測しようと思うな。現在ただ今のなかに、未来はある」ということです。黒い土が少しこんもりと盛り上がっている段階で、「この下にフキノトウがあって、やがて芽が出て大きくなる」ということを見破らなければいけないのです。

そのように周りをよく見るという意味では、社会生態学というのは、まさに、そのとおりです。周りをよく見て、「何がこれから流行ってくるか。それは一《いっ》

過性《かせい》のものか。その年だけのブームで終わってしまうものか。それとも、そうでないのか」というところをよく見るわけです。

「未来が現在ただ今のなかにある」ということは、「現在ただ今、いろいろと行《おこな》われていることをよくウオッチしなければいけない」ということです。その意味で、情報をいろいろと集めたり、経験を広めたりしていくことが、とても大事です。

「知識が経営資源になる」と予言したドラッカー

さらに、ドラッカーは、「未来の経営資源として知識が大事である。知識産業の時代になる」ということをいち早く予言した人です。一九七〇年代ぐらいには、すでに言っていたと思います。

「知識が経営資源になる」と言っても、当時は、なかなか信じられませんでした。経営資源というのは、そういうものではなくて、「ヒト・モノ・カネ」と言われていたのです。人材と原材料、それから、お金です。この「ヒト・モノ・カネ」に「情報」が付け加わるわけです。

ただ、当時、多くの人は、ドラッカーが「知識は経営資源である」と言っていることの意味は分からず、「知識だけで食べていける」とは思わなかったようです。

ところが、時代は、第一次産業から第二次産業、第三次産業へとだんだん進んでいきました。すなわち、農業や工業から商業に移っていき、それから先は、いろいろな情報を操作したりする情報産業のようなもので、高付加価値を生み、高収入を得る人がだんだん増えていったのです。

サービス産業といっても、単にワゴンでコーヒーサービスをしているようなサービス産業と、情報産業でのサービス産業とでは質が違います。同じではありません。彼は、「後者のほうに未来はある」と言っていたわけです。

「情報」を「知識」に変え、「価値」を生んでいるか

ここで気をつけなければいけないのは、ドラッカーが言っているとおり、「本のなかに書かれてあることは、知識ではなくて情報である」ということです。これは知っておいてほしいと思います。

彼は、「これは情報なので、これだけでは価値は生まない。本を読んだだけ

では、価値は生まない。その情報を使って何ができるかを考え、何らかの生産物をつくったり、何か新しい仕事を編《あ》み出したりした人が、情報を知識に変えたと言える。情報から何かを引き出し、生産物あるいは役に立つものをつくったときが、まさに、情報を知識に変えたときなのだ」という言い方をしています。

「知識」として言われているものの意味が違うのです。

「活字になっているものや、テレビで流れているものを知識だと思うかもしれないが、あれは情報である。これから何を見いだして、生産物をつくれるかということが、知識なのだ」ということを言っています。要するに、「知識こそが経営資源である」と言っているわけです。

したがって、「情報選別の目」と、「それが何に使えるか」ということが大事です。これについては私も説いています。

本を読むことは、みなさんにも勧《すす》めていますが、本を読んでいるだけだと、ただの時間潰しになります。「暇潰《ひまつぶ》しで、ほかの仕事をせず、本だけを読んでいる」というのでは、下手をしたら、ぐうたらになる可能性も十分あるのです。

プータローで親の財産だけで食っていて、家のなかでゴロゴロし、三十歳を過ぎても勤めもせず、本だけを読んで過ごすこともできるわけです。これは何も生んでいないので、勉強をしているように見えて、絶対に意味がないのです。

本を読み、それを何か「知的生産物」や「仕事に役に立つもの」につくりかえていく力があれば、仕事をしていると言えます。

知識に変え、仕事に変え、価値を生んでいるわけです。ここのところが大事です。

もっと価値を生むような大学への改革を

今、日本の大学改革においても、ここのところが重要だと思います。研究者と称する人は大勢います。東京大学の資料を見ると、教職員と書いてあるので事務員も含《ふく》むのかもしれませんが、教職員が約一万人もいて、だいたい学生数と同じぐらいなのです。

一対一でできるぐらいの数がいます。教えている人はそれほど多いわけではないでしょうから、大多数は、研究者と称して、別のところにいるわけです。しかし、「情報を集めているだけ」とか、「読んでいるだけ」とかいうのでは、本当は仕事になっていません。ここのところは、要求を上げなければ駄目でしょう。

今年は理研騒動《りけんそうどう》もありましたが、理研は年間八百四十四億円もの予算を使っています。予算のうち九割は税金なので、「いったい、いかなる生産物があったか」が問われるわけですが、そこで生産物をつくろうとしたところ、事件が起きてしまったわけです。

「何も生産しなければ、予算をもらい続けることができたのに、生産物をつくろうとしてトライしたら、社会的事件になって予算を削《けず》られてしまった」ということで、やや〝逆回転〟しています。

八百四十四億円か何かは知りませんが、八百億円以上も予算を使ったら、何千億円もの生産性のある何かを生まないといけないでしょう。

大学にも同じようなことは言えます。このあたりのところが、まだ甘いと思います。ドラッカー的な意味で言えば、「情報を知識に変えて、それが価値を生むところまでもっていかなければいけない」ということです。ここの努力が足りないのではないかと思います。

普遍性があり、新しいものを開《ひら》けるような情報を見いだせ

こういう意味で、今は、本だけではなく、テレビもあれば、ケータイやスマホなど、その他いろいろと情報を取るものは幾《いく》らでもありますが、情報だけを取っても駄目なのだということです。「時間潰しになっているだけ」「頭のなかが、それでいっぱいになっているだけ」ということが多いのです。

新幹線に乗っているとき、夕刊も届いていない時間帯に、読売新聞ニュース

とか、日経新聞ニュースとか、よく電光掲示板に流れてきますが、あれを気にし始めると、なかなか本も読めません。そのぐらい気にはなるのです。しかし、その流れてくるニュースはほとんど価値がなく、翌日には、もう意味のないものばかりです。

そういうものと同じで、流れていて価値のない情報に意味はありません。そうではなく、普遍性があったり、何か新しいものを開《ひら》けたりするような情報が大事なのです。それを見いだしていく知恵をつけなければいけません。

そういう意味で、常にアンテナを張り、「次の時代に使えそうなものは何か」ということを考えていくことが大事であると思います。

そういう努力を積み重ねていくことが、企業がイノベーションをし、成長していくための秘訣でもあるのです。

ドラッカー経営については、言うことはもっとたくさんありますが、今日は、勘所《かんどころ》として、大事なところについては触れたのではないかと思います。

以上とさせていただきます。

あとがき

ベストセラーともなった『エクセレント・カンパニー』を書いたトム・ピーターズは、あえてドラッカーの本を読まず、独自の調査と研究で本を発刊した。その後、ドラッカーの『現代の経営』を読んだところ、自分が発見したと思った「真理」が、もうすでに全て書かれていたのを知って落胆《らくたん》したという。

「兵法」とはそんなものだろう。

『会社という概念』（『会社とは何か』）という著作でも、ＧＭの総帥《そうすい》スローンに、ＧＭの社内取材を自由に許されて、ドラッカーはＧＭ分析をしたが、結果、スローンはカンカンに怒って、自伝『ＧＭとともに』を書いてドラッカーに反論した。ところがGMを怒らせた『会社という概念』は、ライバル社フォードで教科書として使われて、フォードの大躍進につながった。コンサルタントと経営者の立場の違いを表すエピソードだ。

生涯現役を貫いた知的巨人に、一歩でも近づこうとする若者の勉強の一助になれば幸いである。

二〇一四年　九月四日

幸福《こうふく》の科学《かがく》グループ創始者兼総裁《そうししゃけんそうさい》

幸福《こうふく》の科学大学創立者《かがくだいがくそうりつしゃ》　大川隆法《おおかわりゅうほう》

『イノベーション経営の秘訣』 大川隆法著作関連書籍

『「経営成功学」とは何か』（幸福の科学出版刊）

『経営の創造』（同右）

『経営が成功するコツ』（同右）

『「実践経営学」入門』（同右）

『「経営成功学の原点」としての松下幸之助の発想』（同右）

『財務的思考とは何か』（同右）

『危機突破の社長学――一倉定の「厳しさの経営学」入門――』（同右）

イノベーション経営《けいえい》の秘訣《ひけつ》 ―ドラッカー経営学《けいえいがく》の急所《きゅうしょ》―

2014年 9月 6日　初版第1刷

著　者　大《おお》 川《かわ》 隆《りゅう》 法《ほう》

発行所　幸福の科学出版株式会社

〒107-0052 東京都港区赤坂2丁目10番14号
TEL(03)5573-7700
http://www.irhpress.co.jp/

印刷・製本　株式会社 東京研文社

落丁・乱丁本はおとりかえいたします

ISBN 978-4-86395-550-9 C0030

写真：© Alberto Masnovo-Fotolia.com、© Steve Smith/Corbis/amanaimages

大川隆法最新刊・幸福の科学大学シリーズ

財務的思考とは何か

経営参謀としての財務の実践論

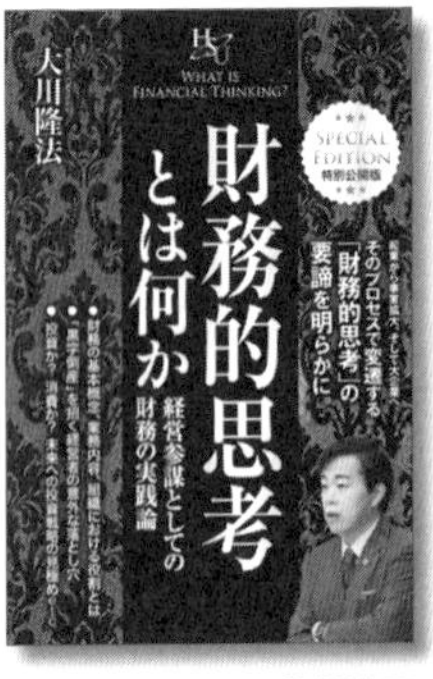

ドラッカーさえ知らなかった“経営の秘儀”とは何か。起業から事業・業容の拡大、そして大規模企業へ――そのプロセスで変遷する「財務的思考」の要諦を明らかに。

3,000円

危機突破の社長学

一倉定の「厳しさの経営学」入門

経営の成功とは、鍛え抜かれた厳しさの中にある。生前、5000社を超える企業を立て直した、名経営コンサルタントの社長指南の真髄がここに。

1,500円

「経営成功学の原点」としての松下幸之助の発想

「ダム経営」「事業部制」「無借金経営」。経営の神様・松下幸之助の姿勢に学ぶ、真剣勝負の経営法！ 時代を超えても変わらない経営の本質を探究。

1,500円

※表示価格は本体価格（税別）です。

大川隆法霊言シリーズ・P. F.ドラッカーの霊言

ザ・ネクスト・フロンティア

公開霊言
ドラッカー＆アダム・スミス

福祉国家を目指して衰退していくか、新たなるフロンティア・未来産業を切り開くか。起業の自由と国民を発展させる国家経営の打開策を示唆する。

1,400円

もしドラッカーが日本の総理ならどうするか？

公開霊言
マネジメントの父による国家再生プラン

なかなか経済成長策を打ち出せず、お金が足りなくて増税……。うんざりするような日本の政治を、ドラッカーならこう解決する！【HS 政経塾刊】

1,300円

ドラッカー霊言による「国家と経営」

日本再浮上への提言

心ある企業家たちよ、国家社会主義と戦え。マネジメントの父ドラッカーが、日本の政治経済の諸問題に対して、次々にアドバイス。

1,400円

大川隆法最新刊・幸福の科学大学シリーズ

「比較幸福学」入門

知的生活という名の幸福

ヒルティ、アラン、ラッセル、エピクテトス、マルクス・アウレリウス、カント――知的生活を生きた彼らを比較分析し、「幸福」を探究する。

1,500円

「幸福の科学教学」を学問的に分析する

教義の全体像を示す「基本三部作」や「法シリーズ」、「公開霊言」による多次元的な霊界の証明。現在進行形の幸福の科学教学を分析する。

1,500円

外国語学習限界突破法

日本人が英語でつまずくポイントを多角的に分析。文法からリスニング、スピーキングまで着実にレベルをアップさせる秘訣などをアドバイス。

1,500円

国際伝道を志す者たちへの外国語学習のヒント

言語だけでなく、その国の文化・歴史・文学に精通し、人生全般の問題に答えられるレベルへ――幸福の科学大学が目指す国際人材の指標が示される。

1,500円

※表示価格は本体価格（税別）です。

大川隆法最新刊・幸福の科学大学シリーズ

人間学の根本問題

「悟り」を比較分析する

イエスと釈尊の悟りを分析し、比較する。西洋と東洋の宗教文明を融合し、違いを乗り越えて、ユートピアを建設するための方法が論じられる。

1,500円

「人間学概論」講義

人間の「定義と本質」の探究

人間は、何のためにために社会や国家をつくっているのか。人間は、動物やロボットと何が違うのか。「人間とは何か」の問いに答える衝撃の一書。

1,500円

西田幾多郎の「善の研究」と幸福の科学の基本教学「幸福の原理」を対比する

既存の文献を研究するだけの“二番煎じ”の学問はもはや意味がない。オリジナルの根本思想「大川隆法学」の原点。

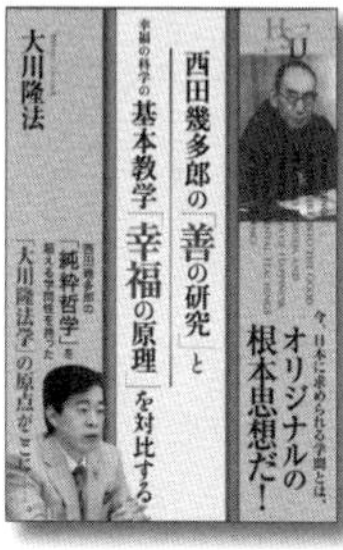

1,500円

「幸福の心理学」講義

相対的幸福と絶対的幸福

現在の心理学は、不幸の研究に基づいているが、万人に必要なのは、幸福になれる心理学。「絶対的幸福」を実現させる心理学に踏み込んだ一書。

1,500円

幸福の科学出版

大川隆法最新刊・幸福の科学大学シリーズ

「成功の心理学」講義

成功者に共通する「心の法則」とは何か

「成功の心理学」を学ぶかどうかで、その後の人生が大きく分かれる! 「心のカーナビ」を身につけ、「成功の地図」を描く方法とは?

1,500円

幸福の科学の基本教義とは何か

真理と信仰をめぐる幸福論

本当の幸福とは何か。永遠の真理とは? 信仰とは? 総裁自らが説き明かす未来型宗教を知るためのヒント。

1,500円

幸福の科学大学創立者の精神を学ぶⅠ(概論)

宗教的精神に基づく学問とは何か

財政悪化を招く現在の経済学に、戦後教育の自虐史観。諸学問を再構成し、新しい未来を創造する方法を示す。

1,500円

幸福の科学大学創立者の精神を学ぶⅡ(概論)

普遍的真理への終わりなき探究

学問の本質とは、「知を愛する心」。知識量の増大と専門分化が進む現代において、本質を見抜く、新しい学問とは。

1,500円

※表示価格は本体価格(税別)です。

大川隆法ベストセラーズ・発展する企業を創る

忍耐の時代の経営戦略

企業の命運を握る３つの成長戦略

豪華装丁
函入り

2014年以降のマクロ経済の動向を的確に予測！　これから厳しい時代に突入する日本において、企業と個人がとるべき「サバイバル戦略」を示す。

10,000円

逆転の経営術

守護霊インタビュー
ジャック・ウェルチ、
カルロス・ゴーン、ビル・ゲイツ

豪華装丁
函入り

会社再建の秘訣から、逆境の乗り越え方、そして無限の富をつくりだす方法まで――。世界のトップ経営者3人の守護霊が経営術の真髄を語る。

10,000円

智慧の経営

不況を乗り越える
常勝企業のつくり方

豪華装丁
函入り

集中戦略、撤退戦略、クレーム処理、合理精神、顧客ニーズの把握――不況でも伸びる組織には、智慧がある。会社の置かれた状況や段階に合わせた、キメ細かな経営のヒント。

10,000円

「経営成功学」とは何か

百戦百勝の新しい経営学

経営者を育てない日本の経営学に、アメリカをダメにしたMBA？ ——幸福の科学大学の「経営成功学」に託された経営哲学のニュー・フロンティアとは。

1,500円

経営の創造

新規事業を立ち上げるための要諦

才能の見極め方、新しい「事業の種」の探し方、圧倒的な差別化を図る方法など、深い人間学と実績に裏打ちされた「経営成功学」の具体論が語られる。

2,000円

経営が成功するコツ

実践的経営学のすすめ

付加価値の創出、マーケティング、イノベーション、人材育成……。ゼロから事業を起こし、大企業に育てるまでに必要な「経営の要諦」が示される。

1,800円

「実践経営学」入門

「創業」の心得と「守成」の帝王学

「経営の壁」を乗り越える社長は、何が違うのか。経営者が実際に直面する危機への対処法や、成功への心構えを、Q＆Aで分かりやすく伝授する。

1,800円

Noblesse《ノーブレス》 Oblige《オブリージ》　「高貴なる義務」を果たす、「真のエリート」を目指せ。

幸福の科学学園
中学校・高等学校（那須本校）

Happy Science Academy Junior and Senior High School

私は、
教育が人間を創ると
信じている一人である。
若い人たちに、
夢とロマンと、精進、
勇気の大切さを伝えたい。
この国を、全世界を、
ユートピアに変えていく力を
出してもらいたいのだ。

（幸福の科学学園 創立記念碑より）

幸福の科学学園 創立者
大川隆法

幸福の科学学園（那須本校）は、幸福の科学の教育理念のもとにつくられた、男女共学、全寮制の中学校・高等学校です。自由闊達な校風のもと、「高度な知性」と「徳育」を融合させ、社会に貢献するリーダーの養成を目指しており、2014年4月には開校四周年を迎えました。

Noblesse《ノーブレス》 Oblige《オブリージ》

「高貴なる義務」を果たす、
「真のエリート」を目指せ。

2013年 春 開校

幸福の科学学園 関西中学校・高等学校

Happy Science Academy
Kansai Junior and Senior High School

私は日本に
真のエリート校を創り、
世界の模範としたい
という気概に満ちている。
『幸福の科学学園』は、
私の『希望』であり、
『宝』でもある。
世界を変えていく、
多才かつ多彩な人材が、
今後、数限りなく
輩出されていくことだろう。
（幸福の科学学園関西校 創立記念碑より）

幸福の科学学園 創立者
大川隆法

滋賀県大津市、美しい琵琶湖の西岸に建つ幸福の科学学園（関西校）は、男女共学、通学も入寮も可能な中学校・高等学校です。発展・繁栄を校風とし、宗教教育や企業家教育を通して、学力と企業家精神、徳力を備えた、未来の世界に責任を持つ「世界のリーダー」を輩出することを目指しています。

幸福の科学学園・教育の特色

「徳ある英才」の創造

教科「宗教」で真理を学び、行事や部活動、寮を含めた学校生活全体で実修して、ノーブレス・オブリージ(高貴なる義務)を果たす「徳ある英才」を育てていきます。

体育祭

天分を伸ばす「創造性教育」

教科「探究創造」で、偉人学習に力を入れると共に、日本文化や国際コミュニケーションなどの教養教育を施すことで、各自が自分の使命・理想像を発見できるよう導きます。さらに高大連携教育で、知識のみならず、知識の応用能力も磨き、企業家精神も養成します。芸術面にも力を入れます。

探究創造科発表会

一人ひとりの進度に合わせた「きめ細やかな進学指導」

熱意溢れる上質の授業をベースに、一人ひとりの強みと弱みを分析して対策を立てます。強みを伸ばす「特別講習」や、弱点を分かるところまでさかのぼって克服する「補講」や「個別指導」で、第一志望に合格する進学指導を実現します。

授業の様子

自立心と友情を育てる「寮制」

寮は、真なる自立を促し、信じ合える仲間をつくる場です。親元を離れ、団体生活を送ることで、縦・横の関係を学び、力強い自立心と友情、社会性を養います。

毎朝夕のお祈りの時間

幸福の科学学園の進学指導

1 英数先行型授業

受験に大切な英語と数学を特に重視。「わかる」（解法理解）まで教え、「できる」（解法応用）、「点がとれる」（スピード訓練）まで繰り返し演習しながら、高校三年間の内容を高校二年までにマスター。高校二年からの文理別科目も余裕で仕上げられる効率的学習設計です。

2 習熟度別授業

英語・数学は、中学一年から習熟度別クラス編成による授業を実施。生徒のレベルに応じてきめ細やかに指導します。各教科ごとに作成された学習計画と、合格までのロードマップに基づいて、大学受験に向けた学力強化を図ります。

3 基礎力強化の補講と個別指導

基礎レベルの強化が必要な生徒には、放課後や夕食後の時間に、英数中心の補講を実施。特に数学においては、授業の中で行われる確認テストで合格に満たない場合は、できるまで徹底した補講を行います。さらに、カフェテリアなどでの質疑対応の形で個別指導も行います。

4 特別講習

夏期・冬期の休業中には、中学一年から高校二年まで、特別講習を実施。中学生は国・数・英の三教科を中心に、高校一年からは五教科でそれぞれ実力別に分けた講座を開講し、実力養成を図ります。高校二年からは、春期講習会も実施し、大学受験に向けて、より強化します。

5 幸福の科学大学（仮称・設置認可申請中）への進学

二〇一五年四月開学予定の幸福の科学大学への進学を目指す生徒を対象に、推薦制度を設ける予定です。留学用英語や専門基礎の先取りなど、社会で役立つ学問の基礎を指導します。

授業の様子

詳しい内容、パンフレット、募集要項のお申し込みは下記まで。

幸福の科学学園 関西中学校・高等学校

〒520-0248
滋賀県大津市仰木の里東2-16-1
TEL.077-573-7774
FAX.077-573-7775
[公式サイト]
www.kansai.happy-science.ac.jp
[お問い合わせ]
info-kansai@happy-science.ac.jp

幸福の科学学園 中学校・高等学校

〒329-3434
栃木県那須郡那須町梁瀬 487-1
TEL.0287-75-7777
FAX.0287-75-7779
[公式サイト]
www.happy-science.ac.jp
[お問い合わせ]
info-js@happy-science.ac.jp

仏法真理塾

サクセスNo.1

未来の菩薩を育て、仏国土ユートピアを目指す！

仏法真理塾「サクセスNo.1」とは

宗教法人幸福の科学による信仰教育の機関です。信仰教育・徳育にウエイトを置きつつ、将来、社会人として活躍するための学力養成にも力を注いでいます。

サクセスNo.1 東京本校（戸越精舎内）

「サクセスNo.1」のねらいには、「仏法真理と子どもの教育面での成長とを一体化させる」ということが根本にあるのです。

大川隆法総裁　御法話『サクセスNo.1』の精神」より

仏法真理塾「サクセスNo.1」の教育について

信仰教育が育む健全な心

御法話拝聴や祈願、経典の学習会などを通して、仏の子としての「正しい心」を学びます。

学業修行で学力を伸ばす

忍耐力や集中力、克己心を磨き、努力によって道を拓く喜びを体得します。

法友との交流で友情を築く

塾生同士の交流も活発です。お互いに信仰の価値観を共有するなかで、深い友情が育まれます。

●サクセスNo.1は全国に、本校・拠点・支部校を展開しています。

東京本校	TEL.03-5750-0747	FAX.03-5750-0737
名古屋本校	TEL.052-930-6389	FAX.052-930-6390
大阪本校	TEL.06-6271-7787	FAX.06-6271-7831
京滋本校	TEL.075-694-1777	FAX.075-661-8864
神戸本校	TEL.078-381-6227	FAX.078-381-6228
西東京本校	TEL.042-643-0722	FAX.042-643-0723
札幌本校	TEL.011-768-7734	FAX.011-768-7738
福岡本校	TEL.092-732-7200	FAX.092-732-7110
宇都宮本校	TEL.028-611-4780	FAX.028-611-4781
高松本校	TEL.087-811-2775	FAX.087-821-9177
沖縄本校	TEL.098-917-0472	FAX.098-917-0473
広島拠点	TEL.090-4913-7771	FAX.082-533-7733
岡山本校	TEL.086-207-2070	FAX.086-207-2033
北陸拠点	TEL.080-3460-3754	FAX.076-464-1341
大宮拠点	TEL.048-778-9047	FAX.048-778-9047

全国支部校のお問い合わせは、
サクセスNo.1 東京本校（TEL. 03-5750-0747）まで。

メール info@success.irh.jp

エンゼルプランV

信仰教育をベースに、知育や創造活動も行っています。

信仰に基づいて、幼児の心を豊かに育む情操教育を行っています。また、知育や創造活動を通して、ひとりひとりの子どもの個性を大切に伸ばします。お母さんたちの心の交流の場ともなっています。

TEL 03-5750-0757　FAX 03-5750-0767
メール angel-plan-v@kofuku-no-kagaku.or.jp

ネバー・マインド

不登校の子どもたちを支援するスクール。

「ネバー・マインド」とは、幸福の科学グループの不登校児支援スクールです。「信仰教育」と「学業支援」「体力増強」を柱に、合宿をはじめとするさまざまなプログラムで、再登校へのチャレンジと、進路先の受験対策指導、生活リズムの改善、心の通う仲間づくりを応援します。

TEL 03-5750-1741　FAX 03-5750-0734
メール nevermind@happy-science.org

ユー・アー・エンゼル!（あなたは天使!）運動

障害児の不安や悩みに取り組み、ご両親を励まし、勇気づける、障害児支援のボランティア運動です。学生や経験豊富なボランティアを中心に、全国各地で、障害児向けの信仰教育を行っています。保護者向けには、交流会や、医療者・特別支援教育者による勉強会、メール相談を行っています。

TEL 03-5750-1741　FAX 03-5750-0734
メール you-are-angel@happy-science.org

シニア・プラン21

生涯反省で人生を再生・新生し、希望に満ちた生涯現役人生を生きる仏法真理道場です。週1回、開催される研修には、年齢を問わず、多くの方が参加しています。現在、全国8カ所（東京、名古屋、大阪、福岡、新潟、仙台、札幌、千葉）で開校中です。

東京校 TEL 03-6384-0778　FAX 03-6384-0779
メール senior-plan@kofuku-no-kagaku.or.jp

入会のご案内

あなたも、幸福の科学に集い、ほんとうの幸福を見つけてみませんか？

幸福の科学では、大川隆法総裁が説く仏法真理をもとに、「どうすれば幸福になれるのか、また、他の人を幸福にできるのか」を学び、実践しています。

入会

大川隆法総裁の教えを信じ、学ぼうとする方なら、どなたでも入会できます。入会された方には、『入会版「正心法語」』が授与されます。（入会の奉納は1,000円目安です）

ネットでも**入会**できます。詳しくは、下記URLへ。
happy-science.jp/joinus

三帰《さんき》誓願《せいがん》

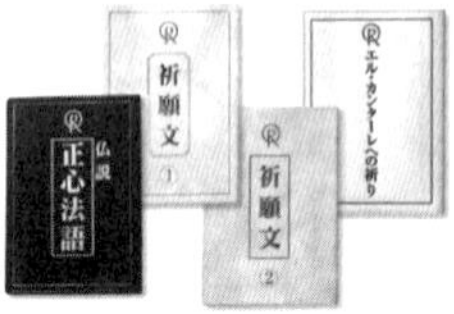

仏弟子としてさらに信仰を深めたい方は、仏・法・僧の三宝への帰依を誓う「三帰誓願式」を受けることができます。三帰誓願者には、『仏説・正心法語』『祈願文①』『祈願文②』『エル・カンターレへの祈り』が授与されます。

植福《しょくふく》の会

植福は、ユートピア建設のために、自分の富を差し出す尊い布施の行為です。布施の機会として、毎月1口1,000円からお申込みいただける、「植福の会」がございます。

「植福の会」に参加された方のうちご希望の方には、幸福の科学の小冊子（毎月1回）をお送りいたします。詳しくは、下記の電話番号までお問い合わせください。

月刊「幸福の科学」

ザ・伝道

ヤング・ブッダ

ヘルメス・エンゼルズ

INFORMATION
幸福の科学サービスセンター
TEL. **03-5793-1727**（受付時間 火～金:10～20時／土・日:10～18時）
宗教法人 幸福の科学 公式サイト **happy-science.jp**